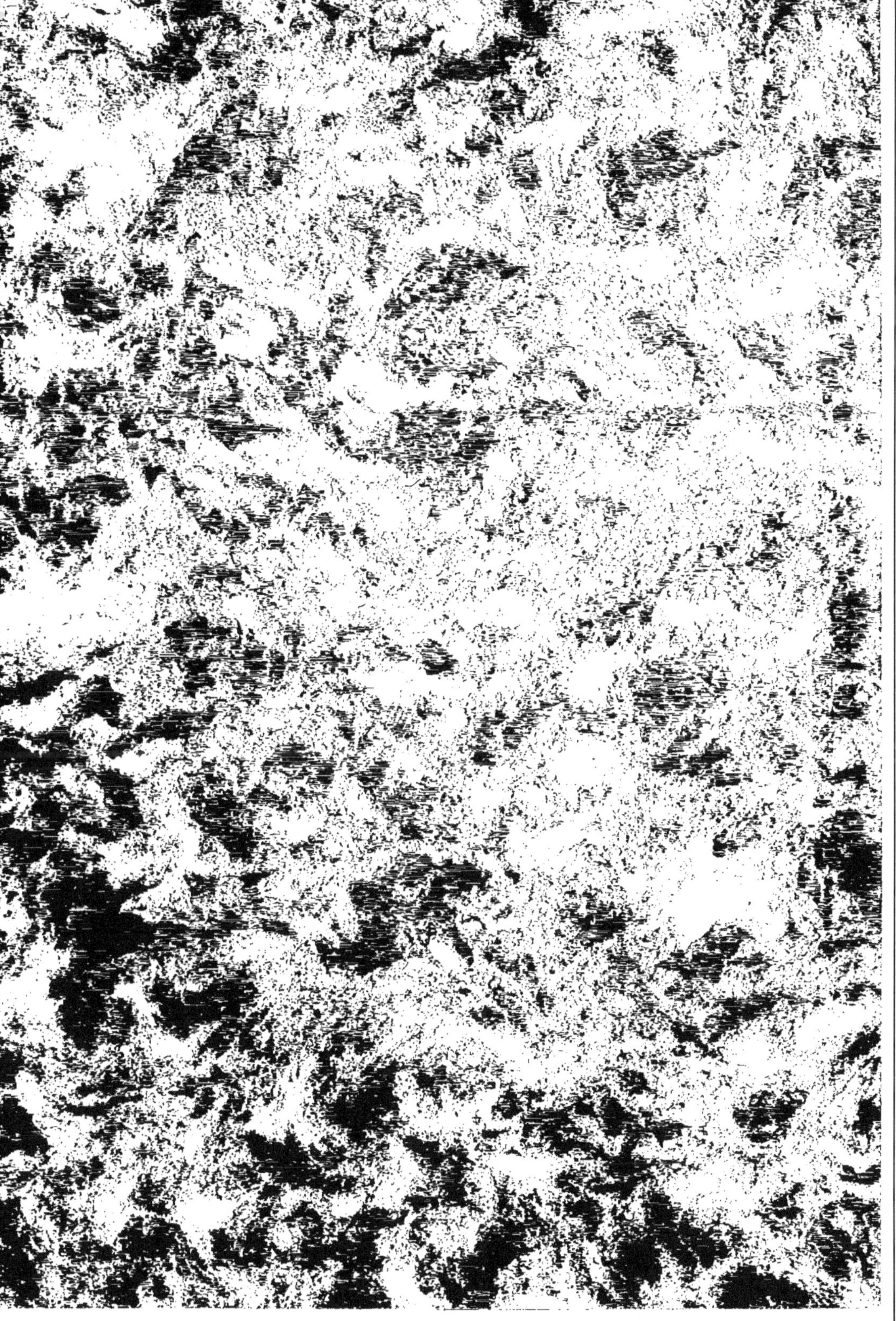

A. FERRET 1979

FACULTÉ DE DROIT DE PARIS

DROIT ROMAIN

Pro socio

DROIT FRANÇAIS

Sociétés en commandite par actions

THÈSE

POUR LE DOCTORAT

PAR

HIPPOLYTE SOURDAT,

Avocat.

AMIENS,

IMPRIMERIE DE LENOEL-HEROUART,

RUE DES RABUISSONS, 30.

1874

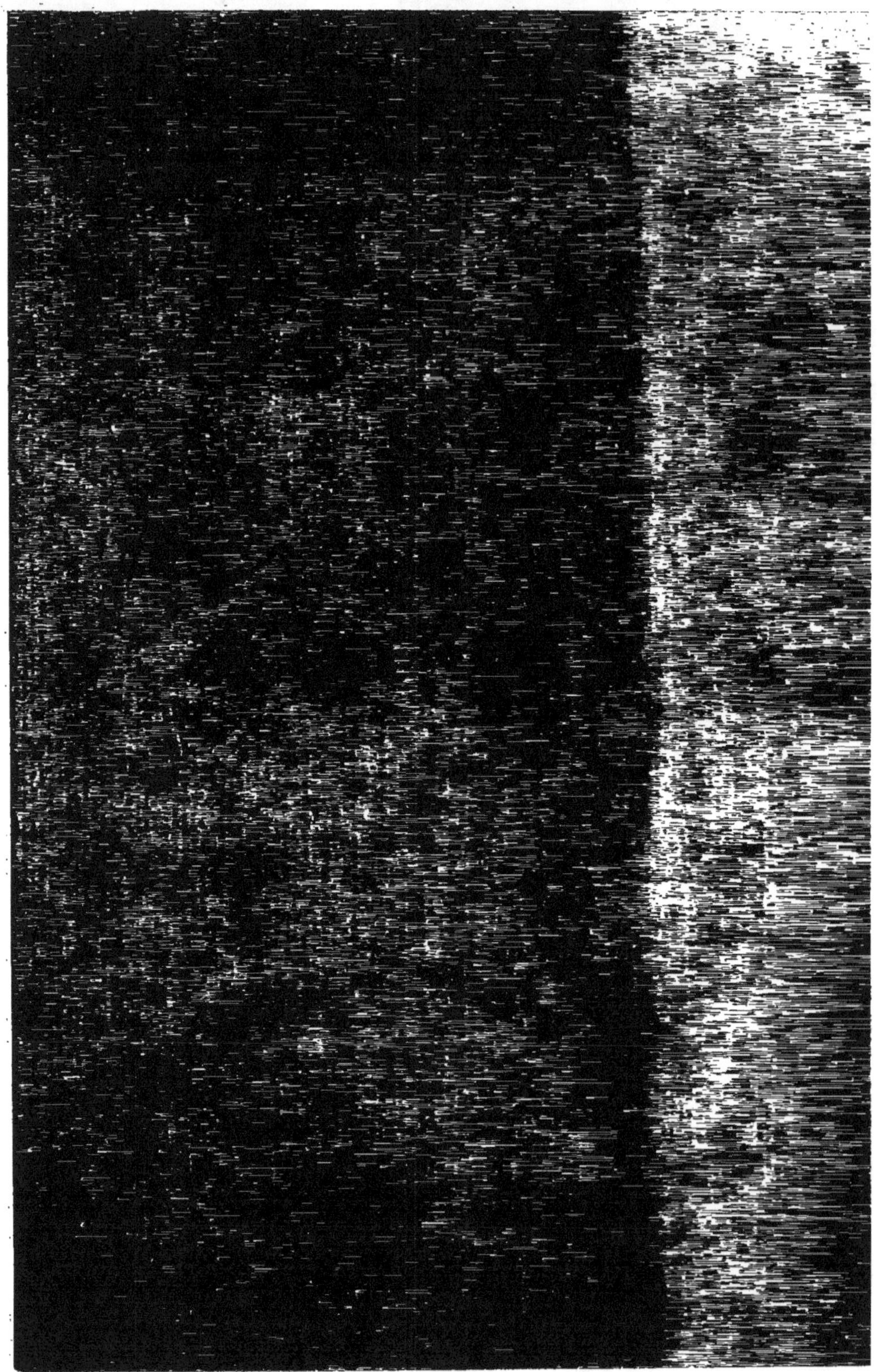

FACULTÉ DE DROIT DE PARIS

DROIT ROMAIN

Pro socio

—

DROIT FRANÇAIS

Sociétés en commandite par actions

THÈSE POUR LE DOCTORAT

L'acte public sur les matières ci-après sera soutenu le Vendredi 20 Février 1874, à deux heures.

PAR

VICTOR-HIPPOLYTE SOURDAT

Avocat.

Président : M. DEMANTE, *Professeur.*

Suffragants : MM. VALETTE, RATAUD, GIDE, *Professeurs.* BOISTEL, *Agrégé.*

Le Candidat répondra en outre aux questions qui lui seront faites sur les autres matières de l'enseignement.

1874

A la Mémoire de mes Bisaïeuls.

F.-N. SOURDAT,

Lieutenant-Général de Police au Baillage de Troyes.

L.-B. COTELLE,

Professeur à la Faculté de Droit de Paris.

DROIT ROMAIN.

Du Contrat de Société.

(Dig. Liv. XVII. Tit. II.)

DÉFINITION.

Les textes du droit romain ne nous présentent nulle part une définition ex professo du contrat de société. Ils se contentent de nous affirmer son existence à l'état d'institution ayant son caractère distinctif, par rapport à celle des situations juridiques avec laquelle il peut être plus facilement confondu : la co-propriété ou indivision.

« Communiter autem res agi potest etiam citra societatem. » (l. 31).

Les lois 31 et 33 nous donnent des exemples d'indivision. deux personnes ont acheté une chose en même temps : ou bien ont acheté chacune de son côté, les parts de deux propriétaires dans une chose commune ; ou encore, lorsque des biens sont loués ou vendus aux enchères, deux personnes qui ne veulent pas se nuire par une surenchère, font acheter en commun par un tiers :

« Quod a societate longe remotum est. »

Dans toutes ces hypothèses, dit la loi 34, au cas où l'une des parties aurait fait des dépenses pour la chose, l'aurait détériorée, aurait perçu des fruits ou des loyers, ce ne serait pas l'action de la société qu'il y aurait lieu d'appliquer.

A quelle marque reconnaîtrons-nous que nous tombons sous l'empire des règles de la société? Les jurisconsultes nous indiquent le trait qui est à leurs yeux caractéristique de ce contrat : c'est l'intention ou la volonté.

« Ut sit pro socio actio, societatem intercedere oportet nec enim sufficit rem esse communem, nisi societas intercedit. » (l. 31).

« Cum, tractatu habito, societas coita est, pro socio actio est ; cum sine tractatu, in reipsa et negotio communiter gestum videtur. » (l. 32).

L'intention d'être en société suffit donc pour transformer le caractère de certaines situations qui, à défaut de cette intention auraient dû être traitées comme de simples co-propriétés.

Cette considération ne doit pas être perdue de vue en lisant quelques textes, contradictoires en apparence avec ceux que nous avons cités plus haut, qui appliquent l'action pro socio à des cas de communauté.

La loi 52 pr. . Un fonds de terre contigu aux héritages de deux voisins est à vendre ; l'un des voisins demande à l'autre d'acheter ce fonds de terre, et de lui en céder ensuite la portion qui le touche ; puis à l'insu de son voisin, il va lui-même l'acheter. Le voisin a-t-il action contre lui? « Si vero id actum est, ut quasi commune negotium gereretur, societatis judicio tenebor, ut tibi, deducta parte quam mandaveram, reliquas partes præstem. »

La même loi, § 13 : Deux voisins ont laissé chacun un demi pied, pour bâtir un mur mitoyen à usage commun : le mur bâti, l'un d'eux empêche l'autre d'y appuyer ses poutres, « pro socio agendum. » Espèce analogue : Ils ont acheté un terrain en commun pour empêcher qu'on ne leur intercepte le jour ; le terrain a été livré à l'un d'eux et il n'en fait pas jouir l'autre suivant les conventions : « pro socio actionem esse. »

Nous ne parlons pas de la loi 39 : « Si fundus mihi tecum communis sit, et in eum mortuum intuleris, agam tecum pro socio. » Il faut l'entendre avec le contexte. Or, dans le § 1 de la loi 38 qui précède immédiatement la loi 39, une hypothèse a été posée : Si tecum societas mihi sit, et res ex societate communes. La loi 39 ne fait que présenter un cas particulier de cette hypothèse.

Cependant la volonté seule ne suffit pas pour constituer une société, et nous trouvons formulées au cours des textes diverses règles dont l'observation est nécessaire pour que le contrat existe.

Chacun des associés est obligé de faire un apport. Les lois 5 § 2 pro socio, et 35 § 5 de mort. causa don., s'opposent à ce que la donation emprunte pour se couvrir, le masque de la société.

Chacun des associés doit avoir en vue des bénéfices à réaliser. Est nulle la convention qui attribuerait le gain à l'un, et seulement la perte à l'autre. C'est la société léonine, qualifiée par Ulpien : « iniquissimum genus societatis. » (l. 29 § 1).

Bien que les textes ne se prononcent pas explicitement sur ce point, cependant les espèces qui font la matière de leurs explications, l'existence supposée par eux nécessaire du « lucrum » ou du « damnum, » la manière dont l'un et l'autre doivent se calculer, et la répartition qui doit en être faite entre les associés, (voir notamment l. 30), ne permettent pas de supposer que le bénéfice dont il s'agit soit autre qu'un bénéfice appréciable en argent. Une société ne serait pas valablement formée dans un intérêt purement moral.

Les bénéfices cherchés doivent être faits en commun. L'associé est obligé de rapporter à la masse commune tous les profits qu'il retire de la société. (l. 38 § 1 ; l. 52 § 5) Les institutes liv. 3 tit 24 § 2, nous montrent deux voisins, propriétaires chacun d'un bœuf qui les réunissent pour s'en servir alternativement pendant dix jours. Le texte ne nous dit pas qu'il y ait là société : « verum prœscriptis verbis agendum est. »

Enfin la société doit avoir un objet licite ; « generaliter enim traditur rerum inhonestarum nullam esse societatem. » (l. 57).

En résumant ces divers principes, nous arrivons à la définition suivante de la société. Un contrat par lequel plusieurs personnes s'engagent à mettre quelque chose en commun pour en tirer un profit commun, appréciable en argent, et licite.

CARACTÈRES DU CONTRAT.

Le contrat de société est un de ceux qui se forment consensu. (Inst. liv. 3 Tit. 22.)

Peu importe par conséquent le mode par lequel le consentement se manifeste ; « Societatem coire et re, et verbis, et per nuntium posse nos, dubium non est. » (l. 4.)

Le contrat est à titre onéreux ; nous avons constaté l'obligation pour chaque associé de faire un apport.

Le caractère consensuel en comporte deux autres : la réciprocité des obligations et la bonne foi. (Inst. liv. 3, Tit. 22.) Les textes attribuent à ce dernier, dans la société, une énergie toute particulière. « Societatis jus quodammodo fraternitatis in se habet. » (l. 63.) « In societatis contractibus fides exuberat. » (l. 3 C. pro soc.) Nous en verrons ailleurs les effets.

La société peut être contractée « in perpetuum, id est dum vivunt » ou à terme : « vel ad tempus, vel ex tempore. » (l. 1.)

Mais elle ne peut l'être « in æternum, » (l. 70.) c'est-à-dire pour une durée supérieure à la vie des associés.

Elle peut aussi être formée sous condition (l. 1). Ce point a été définitivement fixé par Justinien. Dans un rescrit rapporté au Code, l. 6 pro socio, il a donné force de loi à cet égard à la volonté des contractants : « Ne simili modo apud posteritatem sicut apud antiquitatem, hujusmodi causa ventiletur. »

Il paraît étrange que le doute ait existé sur cette question. et les commentateurs se sont appliqués à en rechercher les motifs.

D'après Cujas, la difficulté venait de la mancipation, par l'effet de laquelle la propriété des apports était transportée à la société : or la mancipation, comme les autres actus légitimi, n'était pas susceptible de condition.

Mais elle n'était pas davantage susceptible de terme. Nous ne voyons pas cependant que la faculté de contracter la société à terme ait jamais été contestée.

Une autre explication a été fournie par Donneau. Chaque

associé pouvait toujours renoncer à une société déjà formée : à plus forte raison, pouvait-il renoncer à une société future ; lors donc que la société était formée sous condition, les obligations des contractants se trouvaient être sous condition potestative.

M. Demangeat abandonne les interprétations théoriques, pour des raisons tirées de la pratique, et s'explique les hésitations des jurisconsultes par la considération des résultats bizarres et des complications qu'aurait pu amener l'incertitude sur le point de savoir si une personne, faisant un certain acte, le fait pour elle-même, ou en qualité d'associé. On ne comprendrait pas, dit-il, qu'un mariage eut lieu sous condition. Probablement certains jurisconsultes avaient vu quelque chose d'analogue dans le contrat de société.

DES DIFFÉRENTES SORTES DE SOCIÉTÉS.

Le droit romain comptait 5 espèces de sociétés divisées uniquement d'après l'étendue ou la nature de leur objet. (l. 5 et 7).

La société universorum bonorum.

Celle de tous gains ; universorum quæ ex quæstu veniunt.

Celles pour l'exploitation d'une chose ou d'une entreprise particulière : sive negotiationis alicujus ; sive etiam rei unius.

Enfin la société vectigalis, pour la perception des impôts : celle-ci liée à l'administration publique, et obéissant à des règles spéciales.

Nous examinerons séparément ce qui se rapporte à la composition active et passive de chacune d'elles.

1° SOCIÉTÉ UNIVERSORUM BONORUM.

Cette société a pour résultat de confondre de la façon la plus absolue les fortunes des associés. Son actif comprend sans exception tout ce qu'ils possèdent à quelque titre que ce puisse être :

Les biens présents ; (l. 1 § 1).

Les acquisitions à titre onéreux faites au cours de la société ; (l. 74).

Les acquisitions à titre gratuit : successions, legs, donations ; (l. 3 § 1 ; l. 73).

La dot même de la femme ; mais il ne doit pas être dérogé aux règles de la dot et aux obligations du mari : en principe, « dos apud eum esse debet qui onera sustinet. » Par conséquent, elle n'est pas comprise au partage et le mari la prélève, si la société se dissout pendant la durée du mariage. Si le mariage prend fin le premier, le mari retire la dot à l'instant où il doit la restituer : elle ne doit être partagée entre les associés que s'il est certain qu'elle échappe en tout ou partie, à toute chance de restitution; (l. 65 § 16 ; l. 66).

Enfin, les dommages intérêts qui servent de réparation au préjudice causé soit à la personne de l'associé soit à celle de son fils. (l. 52 § 16).

Exception est faite à l'égard des bénéfices illicites ; l'associé ne peut-être contraint à les verser dans la caisse sociale : « quia delictorum turpis atque fœda communio est. » Si toutefois le versement en a été effectué, on ne reconnait à celui qui les a procurés le droit d'élever aucune réclamation, et la communauté en profite : « plane si in medium collata sit commune erit lucrum. » (l. 52 § 17; l. 53).

La composition du passif correspond exactement à celle de l'actif. Sont à la charge de la caisse sociale :

Les dettes antérieures à la formation du contrat. Les textes ne se prononcent pas explicitement sur ce point ; mais c'est la conséquence du droit commun : les dettes vont où vont les biens ;

Les dettes contractées pendant la durée de la société ; (l. 27.)

Toutes les dépenses faites pour subvenir aux besoins de la famille des associés. Les choses doivent être prises ici dans le sens le plus large, la loi 73 spécifie ce point, en indiquant les dépenses faites : « in honorem alterius liberorum ; »

La dot que chacun des associés est obligé de constituer à sa fille ; (l. 81.)

Par contre, en cas de dissolution du mariage par le divorce, la société recouvre la dot ; mais elle la recouvre cum sua causa : c'est-à-dire avec la perspective de la remettre, s'il y a lieu, à un second mari. Les obligations à cet égard ont toutefois une limite ; et si le premier mari n'avait pu rendre la dot, la société ne serait pas tenue d'en constituer une autre, à moins de conventions expresses;

Les condamnations prononcées contre un associé quand la société s'est enrichie des bénéfices illicites réalisés par lui, « quod enim ex maleficio contulerit socius, non aliter recipere debet quam si damnatus sit. » (l. 54.)

L'associé ne peut se prévaloir de son délit pour en réclamer le bénéfice exclusif ; mais quand il se trouve obligé à réparation, la société qui lui en laisserait porter toute la charge après s'être enrichie de son méfait, commettrait un véritable recel.

L'application de cette règle comporte quelques distinctions.

La société, en encaissant, pouvait ignorer le délit ; dans ce cas, elle est tenue seulement de la restitution. Si elle en avait connaissance, elle doit en outre de la restitution, supporter la peine. Elle s'est dans une certaine mesure associée au crime. Il est juste qu'elle soit atteinte par la punition. (l. 55.)

Ce principe d'équité est général. Il s'applique, dit la loi 56 « in omnibus turpibus actionibus, et in omnibus pœnis pecuniariis, quæ ex publicis judiciis accidunt. »

Rien n'oblige la société à indemniser les associés des folles dépenses qu'ils auraient faites ou des pertes immorales qu'ils auraient subies, « quod in alea aut in adulterio perdiderit socius. » (l. 59, § 1.)

Elle doit rester de même étrangère aux condamnations personnelles prononcées contre eux, par ex. « ob injuriarum actionem. »

Il y a toutefois un cas remarquable d'exception : celui où le condamné a été victime de l'injustice du juge, « si injuriam judicis passus sit. » La société doit alors l'indemniser ; pourvu, bien entendu, qu'il n'ait pas occasionné la condamnation par sa faute, par exemple, en faisant défaut. (l. 52, § 18.)

2° SOCIÉTÉ UNIVERSORUM QUÆ EX QUÆSTU VENIUNT.

Cette société peut-être considérée comme étant de droit commun. C'est elle que les associés sont réputés avoir voulu, « si non fuerit distinctum, » lorsqu'ils ont contracté « simpliciter. » (l. 7) la société universorum bonorum n'existe que si elle a fait « specialiter » l'objet de la convention. (l. 3 § 1)

Son nom seul fait connaître suffisamment les éléments qui doivent entrer dans sa composition; cependant les jurisconsultes prodiguent à cet égard, les explications.

Il faut entendre par quæstus, le produit de l'industrie des associés. (l. 8.) Ce sont par exemple, les bénéfices provenant d'achat, de vente ou de location, (l. 7.) même, ce que les associés acquièrent par leur solde, ou autres salaires. (l. 58 § 8.)

Mais la société ne doit comprendre ni une hérédité, ni un legs, ni une donation. Ce sont là des choses qu'il est impossible d'assimiler à des bénéfices ; tantôt elles sont la récompense de quelques mérites que nous avons acquis ; le plus souvent, elles nous proviennent d'un parent ou d'un affranchi à titre de choses qui, pour ainsi dire, nous sont dues. (l. 9, 10, 11, 71 § 1.)

Au point de vue passif les seules dettes à la charge de la société, sont celles qui se rattachent à l'industrie ou à la recherche du gain. « Non æs alienum, nisi quod ex quæstu pendebit, veniet in rationem societatis. (l. 12.)

3° SOCIÉTÉS PARTICULIÈRES.

Nous réunissons ici les sociétés negotiationis alicujus, unius rei et vectigalis : elles appartiennent à la même famille, et se gouvernent par les mêmes principes.

Elles se composent activement : soit des apports convenus, et de nature à permettre l'exploitation de l'affaire que les associés ont en vue, dans les sociétés negotiationis alicujus et vectigalis ; soit, dans la société unius rei, de la chose même qui fait l'objet de la société.

Elles bénéficient uniquement des gains afférents à

l'affaire ou au fonds social. La loi 52, § 5 et 6 nous montre des associés réunis pour faire la banque ; des frères ayant laissé indivises les successions de leurs parents, pour en recueillir en commun les profits, et partager les pertes. Tout ce qui n'est pas acquis ex argentaria causa, tout ce qui ne provient pas des successions, reste en dehors de la communauté.

Les mêmes principes doivent être observés à l'égard de la composition du passif.

ADMINISTRATION DE LA SOCIÉTÉ.

Les règles que nous allons examiner sont générales ; elles s'appliquent indifféremment aux différentes espèces de sociétés.

RAPPORTS DES ASSOCIÉS ENTRE EUX.

A. OBLIGATIONS DES ASSOCIÉS.

Apports. — Le premier devoir des associés est la réalisation des apports promis.

Les apports peuvent consister soit en argent, ou autres objets corporels, soit en objets incorporels, soit dans l'industrie, ou le travail d'un associé. (l. 1. C. pro socio ; l. 3, D ; l. 29, pr.)

Les apports peuvent être inégaux (l. 5 ; l. 6).

Ils peuvent être de différentes natures. (l. 1, C. pro socio.)

Flavius Victor, et Vellicus Asianus, font une convention: Victor achètera un terrain ; Asianus y élèvera des constructions, et sur le prix de la vente, Victor prélèvera une certaine somme; Asianus gardera le reste. Papinien décide qu'il y a là une société. (l. 52, § 7.)

Les modes ordinairement employés pour transférer la propriété servent à transporter à la société celle des apports.

Toutefois il existe une exception remarquable pour la société universorum bonorum :

La propriété de tous les biens présents se transmet dès que le contrat est formé sans qu'il soit besoin d'aucune tradition : « Omnes res quæ cocuntium sunt, continuo communicantur. » (l. 1. § 1.)

Il y avait à cette règle une raison pratique : la difficulté de soumettre individuellement à la tradition tous les éléments de la fortune des associés. On l'expliquait juridiquement, en supposant qu'il intervenait une tradition tacite. (l. 2.)

Mais le motif n'existait plus, et par suite, la règle cessait de recevoir son application, à l'égard des biens acquis postérieurement par l'associé. Une translation spéciale de propriété devait intervenir. (l. 74.)

En outre, les créances demeuraient à toute époque sous l'empire du droit commun : l'idée de tradition ne pouvait se concevoir à leur égard. (l. 3.)

La tradition des apports, lorsqu'il s'agit de choses de genre, a pour résultat de mettre à la charge de la société les risques, qui devaient être jusque là supportés par l'associé. C'est ce que décide la loi 58 § 1 au sujet d'une somme d'argent destinée à être versée dans une société formée pour l'achat de marchandises. Cette somme vient elle à périr avant la mise en commun, l'associé cesse de pouvoir prétendre aucun droit dans la société. Si la perte est postérieure à la mise en commun, si elle a lieu par exemple, dans un voyage entrepris pour acheter des marchandises, elle pèse sur la société.

Domat dans ses lois civiles, (société section IV § XIV) examinant ce passage du Digeste, en tire une règle générale, et applicable sans distinction aux apports de toute nature : « Toutes les pertes du fond de la société dit-il, sont communes aux associés. Mais pour juger si l'argent, ou autre chose qui vient à périr doit être regardée comme étant dans le fonds de la société, ce n'est pas assez qu'elle fut destinée pour y être mise ; et il faut considérer les circonstances où sont les choses quand la perte arrive. »

Convient-il de donner à la loi 58 § 1 une extension que ne comporte pas son texte ?

M. Labbé critique sur ce point l'interprétation de Domat. (Des risques dans les contrats synallagmatiques n° 115 et suiv.) Quand l'objet de l'apport est un corps certain, il ne parait pas qu'il ait été dérogé en matière de société au principe admis en matière de vente, d'àprès lequel, le contrat se trouvant parfait par le seul consentement des contractants, la tradition n'est point nécessaire pour la perfection de ce contrat, mais par le seul consentement des parties, la chose dont le débiteur a promis la propriété, passe aux risques du créancier.

La règle à cet égard se trouve formulée dans la dernière partie de la loi 58, pr. Voici le texte :

« Si id quod quis in societatem contulit extinctum sit, videndum an pro socio agere possit. Tractatum ita est apud Celsum, lib. 7, digestorum, ad epistolam Cornelii Felicis : quum tres equos haberes et ego unum, societatem coivimus, ut accepto equo meo quadrigam venderes, et ex pretio quartam mihi redderes. Si igitur ante venditionem equus meus mortuus sit, non putare se Celsus ait societatem manere nec ex pretio equorum tuorum partem deberi : non enim habendæ quadrigæ sed vendendæ coitam societatem. Cæterum, si id actum dicatur ut quadriga fieret, eaque communicaretur, tuque in ea tres partes haberes, ego quartam, non dubie adhuc socii sumus. »

Ainsi je me suis associé avec vous dans le but de réunir mon cheval aux trois chevaux que vous avez, et de posséder en commun le quadrige ainsi formé. Mon cheval meurt, la société n'est pas détruite, et je conserve dans la proportion fixée par la convention, mes droits aux profits que les chevaux restants peuvent encore procurer. Ce résultat n'est pas subordonné à la condition que l'apport ait été exécuté.

L'hypothèse envisagée par la première partie du texte, se réfère à un ordre de choses tout différent. La société s'est formée dans le but, non plus de posséder en commun le quadrige, mais de le vendre et d'en partager le prix. Mon cheval meurt avant la vente, tout est rompu et aucune part ne me sera attribuée dans le prix de vos chevaux.

Pourquoi cette solution ? L'objet de l'apport n'a pas cessé d'être un corps certain. L'existence seule de l'obligation de l'associé suffisait tout à l'heure, indépendamment de toute exécution, pour donner pleine raison d'être aux obligations corrélatives de la société envers lui ; pourquoi cette obligation se trouve-t-elle maintenant impuissante à produire les mêmes effets ?

C'est qu'elle a changé de nature : il ne s'agit plus ici d'une obligation capable de s'exécuter instantanément ; de l'obligation de rendre une chose commune, d'en apporter la propriété. La société a pour but une vente ; l'associé doit tenir l'apport promis à la disposition de la société jusqu'à ce que la vente ait pu être réalisée. C'est là une obligation successive. Celle de la société se développe parallèlement, et dès l'instant ou l'exécution de l'une est devenue impossible, l'exécution de l'autre cesse de pouvoir être réclamée. Dans la première hypothèse, la situation de l'associé vis-à-vis de la société, présentait toute analogie avec celle du vendeur vis-à-vis de l'acheteur ; dans la seconde, elle se rapproche davantage de la situation du locateur vis-à-vis du locataire. Il est fait application suivant les cas, des principes de la vente ou de ceux du louage.

Cette théorie tombe sous le coup des critiques que soulève, au point de vue rationnel, la divergence des règles tracées par le droit romain, au sujet des risques, dans la vente et dans le louage, divergence dont, une explication complètement satisfaisante n'a pu encore être fournie. D'un côté l'obligation du débiteur est présentée comme constituant à elle seule, l'équivalent, la cause déterminante de l'obligation réciproque du créancier ; de l'autre, un fait, une exécution est nécessaire pour soutenir le contrat ; et bien que l'objet de l'obligation soit dans le second cas plus complexe, bien qu'il s'analyse en une série d'éléments destinés à ne se produire que successivement, l'obligation en elle-même est néanmoins aussi parfaite et sa perfection est aussi indépendante des résultats, dès l'instant où le contrat est formé.

La théorie émise par Domat satisfait mieux l'esprit ; elle offre en outre l'avantage de la simplicité : au lieu de trois solutions, correspondant aux cas où l'apport est une chose de genre ou un corps certain, et variant dans cette hypothèse, suivant que l'associé doit procurer la propriété ou la jouissance de la chose, tout se ramène à une règle unique : l'apport, au moment où il périt, faisait-il effectivement partie du fonds social. En autres termes, l'obligation contractée par l'associé avait-elle reçu son exécution.

Cette doctrine ne pourrait être mise en harmonie avec les textes, qu'à la condition d'admettre que le jurisconsulte, dans le pr. de la loi 58, suppose, au moment où le cheval apporté par l'un des associés vient à mourir, que la tradition de ce cheval a déjà été faite. Dans cette hypothèse, l'associé a pleinement exécuté son obligation s'il s'agit d'une société « habendæ quadrigæ. » Il en est autrement s'il s'agit d'une société « vendendæ ; » même après que son cheval est entré dans le fonds social, l'apport qu'il avait promis n'est pas réalisé : ce qu'il s'était engagé à fournir c'était un des éléments de la vente; cet engagement ne peut plus être tenu. La société n'a pas dès lors à supporter la perte d'un apport qui n'est pas entré dans son patrimoine.

Cette manière d'envisager les choses paraît bien avoir été celle de Pothier dans ses pandectes, livre XVII, titre II, nº XXII. « Si quæ pecuniæ, » dit-il, « quæve res ad exercendam negotiationem destinentur societati, non statim atque destinatæ sunt, communes fiunt, sed tunc demum cum reipsa collatæ fuerunt. »

Et après avoir rapporté d'abord le § 1 de la loi 58, il passe au proœmium au moyen de la transition suivante : « idem colligere est ex specie sequenti : » c'est dire que les deux espèces ne font que présenter l'application du même principe.

Or le criterium indiqué dans le § 1 pour reconnaître à la charge de qui sont les risques, est celui-ci : la perte est-elle survenue ante ou post collationem. La même règle s'applique dans le procemium. La collatio ne se trouvait donc pas effectuée dans le cas de société « vendendæ quadrigæ » tandis qu'elle l'était dans le cas de société « habendæ ; » mais ici la collatio ne suppose pas autre chose que la tradition.

Pothier d'ailleurs ne fait que développer le mot « item » employé par les rédacteurs du digeste, pour réunir les deux fragments qui nous occupent.

On pourrait faire remarquer à l'appui de cette interprétation que la société « vendendæ quadrigæ » suppose deux opérations : 1° la livraison ; 2° la vente ; (« ut accepto equo meo quadrigam venderes. ») La mort du cheval est placée par hypothèse avant la seconde opération, « ante venditionem ; » il est donc permis de croire que la 1re a déjà été accomplie. Or la différence qui existe dans le but de la société, est la seule indiquée entre cette hypothèse et celle de la société « habendæ. »

En outre ne serait-il pas singulier de voir le jurisconsulte, rapprocher deux situations régies par des principes d'ordre complètement différent, sans justifier par aucune explication la diversité des solutions. Ne doit-on pas croire plutôt que la même règle gouverne les deux espèces, une simple nuance dans les hypothèses entrainant une application différente.

Toutefois, on est bien forcé de reconnaître que le texte n'est rien moins que formel au sujet de la tradition, et les considérations que nous avons essayé de faire valoir ne sont pas assez solidement appuyées pour que nous ayons la témérité de les présenter comme décisives, en présence de l'imposante autorité de notre savant maître, M. Labbé.

Quand l'un des associés refuse de tenir les engagements

qu'il a contractés, les autres ont contre lui une action pour l'y contraindre. (l. 52, pr. et § 13.)

Les fruits et les intérêts sont compris dans cette action. (l. 38, § 9 de Usuris.)

Si l'exécution de l'engagement est devenue impossible par la faute de l'associé, des dommages intérêts peuvent être exigés. (l. 52, § 11.)

Dans tous les cas, il y a là pour les associés un motif légitime de renoncer à la société. (l. 14.)

Communication des bénéfices. — Chaque associé doit rapporter à la communauté tous les bénéfices qui ont une cause sociale, soit qu'il les ait tirés directement du fonds de la société et des choses qui le composent, soit qu'il les ait réalisés au moyen de son industrie, lorsque cette industrie fait partie de son apport.

Ainsi deux banquiers associés se doivent compte de tout ce qu'ils ont acquis « ex argentaria causa. »

Les fruits des choses sociales qu'un des associés aurait recueillis seul, doivent être communiqués à la société. (l. 38, § 1.)

Il en est de même des intérêts perçus à raison des prêts auxquels auraient été employés les capitaux sociaux. (l. 67, § 1.)

Toutefois ceci n'est vrai qu'autant que le prêt a été fait au nom de la société ; si l'associé avait prêté en son propre nom, il serait autorisé à garder les intérêts. C'est là une sorte de compensation des risques qu'il aurait supportés seul en cas de perte.

N'y a-t-il pas contradiction entre cette décision et la règle de la loi 1 § 1 de Usuris : « Socius si ideo condemnandus erit quod pecuniam communem invaserit, vel in suos usus converterit, omnimodo, etiam mora non interveniente, præstabuntur usuræ. »

On pourrait être tenté de le croire si la solution de la loi 67 était isolée ; mais elle se rencontre dans plusieurs autres passages du Digeste, (l. 10 § 8 Mandati ; 44 § 1 ad senat. Trebel. ; 62 pr. de rei vind. ; 27 § 4 de adm. et per. tutoris,) toujours appuyée du même motif, le « periculum » de celui qui tire profit de sommes d'argent ou de choses soumises à restitution.

Il y a donc lieu de conclure à cet égard, à l'existence d'une règle certaine, et de restreindre l'application de la loi 1 § 1 de Usuris, aux cas où l'associé retire de l'affectation de la chose sociale à son usage personnel, un profit qui n'est mélangé d'aucune chance de perte ; par exemple, s'il emploie l'argent de la société à l'entretien de sa famille.

Le texte de la loi 67 § 1, nous avertit que la distinction qu'il consacre s'applique seulement à ceux « qui non totorum bonorum socii erant. » En effet, dans la société universelle de tous biens, les associés n'ont pas de patrimoine distinct de celui de la société, et il ne saurait être question pour eux de bénéfices qui ne tomberaient pas dans la caisse commune.

Si deux associés ont une créance contre un troisième, et que l'un obtienne sa part, tandis que l'autre ne peut être payé intégralement, par suite de l'insolvabilité du débiteur, celui qui a moins reçu peut exercer un recours contre son coassocié plus heureux que lui. (l. 63 § 5.)

L'équité et le caractère du contrat de société commandent ce résultat. Les droits égaux de deux associés concourent sur le même objet. Il est juste que le bénéfice résultant de l'exercice de ces droits ne soit pas le partage d'un seul. Il doit y avoir entre eux communauté de gains et de pertes.

Tout autre est la situation de l'associé qui a vendu sa part dans l'objet commun, et en a touché le prix. Il n'en doit rien rapporter à ses cohéritiers, quelque perte que ceux-ci aient pu éprouver, à l'occasion de leur part dans le même objet. (l. 62.)

Chacun des associés en effet, est investi d'un droit qui lui est propre, sur les biens qui composent sa part. Les profits qu'il en tire lui appartiennent exclusivement. Puisque ses coassociés n'auraient eu pour les obtenir, aucune action, ils ne sont pas réalisés en quelque sorte, à leur détriment : ils n'ont aucune influence sur les pertes qu'ils peuvent éprouver de leur côté : et par conséquent ne doivent pas servir à les indemniser de ces pertes.

L'associé doit communiquer à la société les bénéfices qu'il en a tirés dès l'instant où il les a réalisés.

La sanction de cette règle est contenue dans la loi 60 ainsi conçue :

« Socium, qui in eo quod ex societate lucri faceret, reddendo moram adhibuit, cum ea pecunia ipse usus sit, usuras quoque eum præstare debere, Labeo ait, sed non quasi usuras, sed quod socii intersit moram eum non adhibuisse : Sed si aut usus ea pecunia non sit, aut moram non fecerit, contra esse. »

Pothier (Pand., pro socio n° XLIV), estime après Cujas que ce texte doit être corrigé, et qu'au lieu de « cum ea pecuñia ipse usus sit, » il convient de lire : « aut ea » ou « aut cum ea pecunia. »

La règle serait alors celle-ci. L'associé, outre le capital

qu'il est tenu de restituer, en doit encore les intérêts dans deux cas : s'il est mis en demeure, ou s'il a fait usage de l'argent, cet emploi se trouvant ainsi équivaloir à une mise en demeure.

La correction de Cujas est fondée sur la convenance de mettre le texte en harmonie avec lui même. Le jurisconsulte, examinant les cas où les intérêts ne sont pas dùs prévoit deux hypothèses : « si aut usus ea pecunia non sit, aut moram non fecerit. » Il existe donc deux hypothèses contraires correspondantes, dans lesquelles ces intérêts sont dus.

Il nous parait difficile de suivre Cujas en ce point. La logique de la phrase n'exigerait-elle pas « aut... usus est » au lieu de « usus sit ? » Mais, ce qui est plus sérieux, cette modification a pour résultat de détruire l'alternative de la l. 60 in fine, sur laquelle précisément elle est fondée, bien loin de faire régner dans le texte l'harmonie qu'elle prétend y introduire.

On suppose en effet que les intérêts peuvent être exigés : 1° en cas de « mora ; » 2° même lorsqu'il n'y a pas « mora ; » à raison du simple « usus. » Donc, pour que les intérêts ne soient pas dus, il ne suffit pas que l'associé : « moram non fecerit, » il faut encore qu'il n'ait fait de la chose aucun usage, et peu importerait qu'il n'y ait pas eu « d'usus » s'il s'était laissé mettre en demeure. Les deux hypothèses négatives ne correspondent plus aux deux hypothèses affirmatives. Il ne s'agit plus d'une alternative ; les deux conditions indiquées doivent se trouver réunies.

Nous croyons donc préférable de maintenir le texte tel que nous l'avons cité. Quelle en est alors la portée ?

On peut considérer les mots « cum ea pecunia ipse usus

sit » comme exprimant une condition à laquelle est subordonnée la solution donnée.

Le sens, alors, serait que les intérêts sont dus au cas de mise en demeure, quand l'associé a fait usage de l'argent ; et pour conserver une portée à l'alternative qui termine le passage cité, pour éviter que les deux termes dont elle se compose, ne rentrent l'un dans l'autre, et ne prévoient la même hypothèse, il faudrait l'interpréter ainsi : le contraire a lieu, s'il n'y a pas eu mise en demeure, ou, même en ce cas, s'il n'y a pas eu d'usage.

Une autre explication doit, croyons nous, être préférée.

Labéon, dans la loi 60, ne rattache l'obligation de payer les intérêts qu'à un seul cas : celui de la mora.

Nous sommes portés à le croire par les indications qu'il fournit sur l'objet et le motif de l'obligation de l'associé : « sed non quasi usuras, sed quod socii intersit moram eum non adhibuisse. »

Ainsi, ce qui est dû proprement, ce ne sont pas des intérêts seulement, mais bien des dommages intérêts, et ils le sont à raison du préjudice qu'a pu faire éprouver à la société le retard apporté par le débiteur dans ses paiements. Il n'y a rien là qui se rapporte à l'idée d'une affectation de la chose sociale aux affaires personnelles de l'associé.

Que veut dire alors la phrase : « cum ea pecunia ipse usus sit. » Il ne faut pas lui attribuer d'autre importance que la simple énonciation d'un motif capable d'avoir occasionné les retards de l'associé et sa mise en demeure; peut-être, d'une circonstance qui se rencontrait dans l'espèce que le jurisconsulte avait en vue.

La fin du texte nous paraît alors devoir être entendue en ces termes : les dommages intérêts ne sont pas dus si l'associé ne s'est pas servi de l'argent, où, lors même qu'il s'en serait servi, s'il ne s'est pas laissé mettre en demeure.

Nous avons indiqué le champ restreint d'application dans lequel, à notre avis, doit être renfermée la loi 60 : le cas où l'associé est en demeure. Ce n'est pas à dire que nous considérions comme indifférente la circonstance de l' « usus. »

Nous ne lui contestons pas le pouvoir d'engendrer aussi bien que la « mora, » une obligation à la charge de l'associé ; seulement, ce n'est pas dans la loi 60 qu'il convient de chercher la règle à cet égard. Nous la trouvons dans la loi 1 § 1 de Usuris, déjà citée : « Socius, si ideo condemnandus erit, quod pecuniam communem... in suos usus converterit, omninodo, etiam mora non interveniente, præstabuntur usuræ. »

Ce n'est pas là, croyons-nous, une question sans importance ; les obligations consacrées par chacune de ces lois, diffèrent dans leur objet et dans leur motif.

En cas « d'usus » des intérêts seulement sont dus : en cas de « mora » il existe une véritable obligation de dommages intérêts.

Dans ce dernier cas, en effet, il s'agit de réparer tout le préjudice qui a pu être causé par le retard : dans l'autre hypothèse, la loi obéit à la pensée de faire rentrer dans la caisse sociale des bénéfices que l'associé n'avait pas le droit de s'approprier ; les intérêts sont l'équivalent des profits réalisés par l'associé à l'aide de capitaux qui doivent être consacrés uniquement à enrichir la société, l'associé au moment où il s'en sert, se trouvant obligé de les verser dans la caisse commune.

Il ne faut pas confondre avec les bénéfices provenant de

la société, ceux dont elle n'aurait été qu'une cause occasionnelle. Par exemple : « si propter societatem heres fuisset institutus, aut quid ei donatum esset. » Les gains de cette nature ne doivent pas être rapportés « in medium. » La société n'était pas destinée à les produire.

Responsabilité des fautes. — Les associés doivent indemniser la société des dommages et pertes qu'ils lui ont fait éprouver :

Soit par eux-mêmes ; (l. 17, 25, 39.)

Soit par ceux dont ils répondent. (l. 23, § 1.)

Toutefois cette obligation a des limites ; ils ne sont pas tenus par exemple, des accidents qu'on ne peut prévoir, des cas de force majeure : un incendie, un vol à main armée. (l. 52, § 3.) Un certain degré de culpabilité de leur part est nécessaire.

Les associés répondent d'abord du dommage qu'ils ont occasionné par dol. (l. 59, § 1.)

Nous savons d'ailleurs qu'on avait coutume d'assimiler au dol la « negligentia magna » ou la « culpa dolo proxima. » (l. 1 § 5 de obl. et act. ; l. 8 § 3 de præcario.)

Mais cela ne suffit pas, et l'associé doit en outre « præstare culpam. » (l. 52, § 2 : § 11.)

Ce que comporte la culpa, la loi 72 nous le fait connaître : « Socius socio, etiam culpæ nomine tenetur, id est desidiæ atque negligentiæ. »

Il s'agit donc d'une faute légère. Toutefois, dans l'appréciation de cette faute, il ne faut pas user d'une rigueur excessive. Le terme de comparaison doit être la diligence apportée par l'associé à ses propres affaires. Il n'est pas tenu de faire pour la société plus qu'il ne ferait pour lui-même. (l. 72.)

Le motif allégué par le texte, est qu'on ne doit s'en prendre qu'à soi-même de s'être lié à un associé peu diligent. La loi 1 § 5 de obl. et act. nous dit également, à propos de la responsabilité du dépositaire : « Qui negligenti amico rem custodiendam committit, de se queri debet. » La loi ne doit pas se montrer plus soucieuse des intérêts des particuliers qu'ils ne le sont eux-mêmes.

Dans une matière analogue, celle des rapports entre cohéritiers ou entre colégataires, nous trouvons la même solution, appuyée d'une raison différente : « quoniam hic propter suam partem, causam habuit gerendi. » L'intérêt que l'une des parties a dans l'affaire est une garantie du soin qu'elle apportera dans sa gestion, et dispense de s'armer à son égard de précautions spéciales. Cette considération s'applique, avec une égale valeur à la situation que nous examinons.

Des conventions particulières peuvent modifier l'application de ces principes généraux sur la responsabilité. Ainsi, une société peut avoir pour objet de faire paître des troupeaux ; si un troupeau est livré sur estimation à l'un des associés, cette circonstance a pour effet de l'astreindre à une plus grande vigilance. Il est tenu de la custodia : il répond même des vols, à l'exception toutefois de ceux que l'on peut considérér comme cas de force majeure, et que n'aurait pu éviter un administrateur prudent et attentif. (l. 52 § 3.)

Aucune compensation ne doit-être admise entre les pertes qu'un associé fait éprouver à la société, et les bénéfices qu'il a pu lui procurer. C'est là une règle attestée par de nombreux textes. (l. 23 § 1 ; 25, 26.)

B. DROITS DES ASSOCIÉS.

Pouvoir d'administrer. — Le titre qui nous occupe ne contient sur l'administration des sociétés aucune décision précise.

Il est constant que les associés pouvaient constituer l'un d'eux gérant ou administrateur. C'était ce qui avait lieu dans les sociétés vectigalium.

Troplong, dans la préface de son traité de la société, résume en ces termes, d'après les témoignages des auteurs, les attributions du « magister. » « Chefs de l'association, représentants du corps moral juridique, ils avaient le droit si grave de le lier par les contrats et les actes qu'ils passaient avec les tiers ; ils présidaient à toute l'administration intérieure et extérieure, et à la correspondance avec les employés des provinces ; ils étaient dépositaires des livres, registres, comptes. Ils convoquaient les associés pour délibérer sur les affaires importantes. Enfin les magistri se donnaient dans les provinces des sous-gérants appelés pro-magistri. » Rien n'empêche de supposer qu'une organisation analogue put être donnée aux autres sociétés.

Sans être investi des pouvoirs complets d'un gérant, un associé pouvait recevoir un mandat particulier pour certaines affaires. Ainsi dans la loi 65 § 14 nous voyons un associé constitué en quelque sorte le caissier de la société. Les capitaux de la société sont déposés entre ses mains, et c'est à lui que s'adressent ceux qui ont à faire valoir quelque créance.

Nous trouvons en outre de nombreux exemples d'actes isolés de la part des associés. Il y avait donc place dans certains cas pour l'initiative individuelle. On peut y voir l'effet d'un mandat tacite, résultant soit des circonstances, par exemple, l'urgence de réparations à faire à la maison d'un associé ; (l. 52 § 10) ; soit de la nature des opérations de la société, comme lorsqu'un associé prête l'argent de la société, ou réalise à ses frais un emprunt pour le compte de de celle-ci, ou fait spontanément dans l'intérêt commun toute autre dépense. (l. 67, § 1 et 2.)

En dehors de ces cas, les associés ne peuvent agir qu'en commun ; leurs pouvoirs sont égaux ; l'opposition d'un seul met obstacle à l'action des autres, et celui qui porte atteinte aux droits de ses coassociés s'expose à un recours de leur part. On applique la règle générale tracée par la loi 28 Com. Div. : « In re communi, neminem dominorum jure facere quidquam, invito altero posse : unde manifestum est, prohibendi jus esse. In re enim pari potiorem causam esse prohibentis constat. »

« Magis dici potest, prohibendi potius quam faciendi esse jus socio, » dit encore la loi 11 si serv. vind. ; et en voici la raison : « quia magis ille qui facere conatur, quodammodo sibi alienum jus præripit, si quasi solus dominus, ad suum arbitrium, uti re communi velit. »

Les textes nous offrent des exemples de l'application de cette règle.

Vous inhumez un mort dans le terrain que nous possédons en commun ; j'ai une action contre vous. (l. 39.)

Vous voulez bâtir sur un terrain de la société. Votre associé a le droit de s'y opposer, quand même le droit de construire vous aurait été concédé par le voisin. (l. 27 § 1 de serv. præd. urb.)

Par exemple, si les associés ont laissé exécuter par l'un d'eux un travail qu'ils avaient le droit d'empêcher, ils ne peuvent l'obliger à démolir, et doivent se contenter d'exercer une action en dommages intérêts.

Cette voie de recours leur ferait même défaut s'ils avaient donné leur consentement aux travaux. (l. 28, Com. Div.)

Si des associés opposent une résistance mal fondée aux entreprises de l'un d'eux, celui-ci a pour en triompher, la ressource d'une action en justice. (l. 12, Com. Div.)

Droits sur les choses de la société. — Chaque associé a le droit de se servir des choses de la société, et d'en retirer l'utilité qui est conforme à leur nature et au but de la société, pourvu que l'usage qu'il en fait ne porte pas atteinte aux droits de ses coassociés.

Ainsi, dans l'espèce prévue par la loi 58, d'une société « habendæ quadrigæ, » la nature des choses veut que les associés puissent jouir du quadrige formé par la réunion de leurs apports.

Mais si la société est propriétaire d'un esclave, un associé ne pourra pas le faire mettre à la torture, si ce n'est pour une affaire qui intéresse la communauté. (l. 27 Com. Div.)

Bien évidemment, un associé ne pourrait, sans porter atteinte au droit de copropriété de ses coassociés, aliéner les objets sociaux.

Il ne peut aliéner que sa part, (l. 68.) mais au moins peut-il aliéner cette part ; il le peut lors même qu'elle est encore indivise, tant au profit d'un associé qu'au profit d'un étranger. (l. 3 C. de Com. rer. alien.)

L'exercice de la faculté d'aliéner peut entraîner certaines conséquences dommageables. Ainsi, un associé apprenant que l'action communi dividundo va être intentée, se hâte de transmettre sa part à un tiers, « mutandi judicii causa. »

Le coassocié peut demander à être indemnisé du préjudice qui en résulte pour lui. (l. 24 § 1 Com. Div.)

Au cas où l'action communi dividundo était intentée le droit d'un associé sur sa part, devenait après la litis contestatio, res litigiosa, et dès lors, il ne lui était plus permis de l'aliéner, si ce n'est du consentement de tous ses coassociés. (l. 1, C. Com. Div.)

Le droit d'aliéner en implique pour les associés un autre moins étendu : celui de s'associer un tiers pour leur part.

Mais cette convention reste sans effet à l'égard de ceux qui n'y ont pas été partie. Le tiers ainsi adjoint, n'entre pas dans la société primitive. La règle à cet égard est celle-ci : « Socii mei socius, meus socius non est. » (l. 20.)

La société en effet se contractant consensu, je ne puis avoir pour associé que celui auquel il me convient de reconnaître cette qualité. (l. 19).

Aucun rapport direct ne s'établit donc entre la société principale, et la société formée subsidiairement à côté d'elle.

Si le croupier fait des gains, il n'en doit compte qu'à son cédant. S'il cause quelque dommage, le cédant seul peut agir en indemnité contre lui. Réciproquement, il ne peut demander compte aux autres associés des bénéfices ou des pertes provenant de leur fait.

Mais les relations, impossibles directement, s'établissent pourtant par l'intermédiaire du cédant exposé aux actions directes de ses coassociés d'un côté, du croupier de l'autre; responsable envers les premiers des fautes du second; obligé de leur communiquer les bénéfices dus au concours de celui qu'il s'est adjoint ; tenu d'autre part de faire participer le croupier à tous les avantages attachés à l'exercice des droits auxquels il l'a associé. (l. 21, 22.)

Il n'est pas même nécessaire, pour agir soit d'un côté, soit de l'autre contre le coassocié cédant, d'attendre qu'il ait exercé les actions qui lui appartiennent. (l. 22.)

Mais dans le cas où les associés primitifs, par exemple, prennent l'initiative, suffira-t-il au coassocié poursuivi pour fait du croupier, de leur donner mandat à l'effet d'exercer ses actions contre celui-ci, de manière à être déchargé de toute responsabilité, dans le cas où on n'en pourrait rien obtenir ? En pareille circonstance, il serait tenu d'indemniser ses coassociés. Il est responsable dans toute son étendue, du fait de celui qu'il s'est adjoint, car si les portes de la société lui ont été ouvertes, lui seul a commis la faute. (l. 23.)

La compensation entre les fautes commises par le croupier et les services qu'il a pu rendre est écartée comme elle l'est pour les associés personnellement. (l. 23, § 1.)

De même que la convention par laquelle il s'associerait un tiers, la cession complète que l'un des associés fait de sa part, est pour ses coassociés, « res inter alios acta. » Aucune atteinte aux lois qui régissent leur association n'en doit être pour eux la conséquence. Si donc les associés étaient convenus de ne partager la société qu'après un certain temps ou sous des conditions déterminées, l'acquéreur qui agirait intempestivement, serait repoussé par les exceptions qu'on aurait pu opposer à son vendeur. (l. 16 § 1; l. 14 § 3 Com. Div.)

Créances contre la société. — Diverses causes pouvaient rendre un associé créancier de la société :

1° Les dépenses dont la société a profité.

Par exemple, les frais occasionnés par la réparation d'un canal appartenant à la société ; (l. 52 § 12.)

Lorsque un associé voyage pour les affaires de la société, les frais d'auberge, de nourriture, et de transport. (l. 52 § 15.)

2° Les obligations contractées dans l'intérêt commun.

Toute dette ayant ce caractère, contractée par un associé, au cours de la société, doit lui être remboursée. Peu importe que le payement n'en soit effectué qu'après la dissolution de la société.

Si donc une dette avait été contractée sous condition, et que la société se dissolve avant que la condition soit réalisée, le remboursement doit être garanti par des cautions. (l. 27.) Il en est de même au cas de dette contractée ex die. (l. 28.)

L'associé, qui du consentement de tous, vend un objet social, doit être indemnisé de l'obligation de garantie qu'il contracte envers l'acheteur. Lors du partage du prix de vente on doit lui rembourser le dommage qu'il a pu déjà éprouver, ou lui donner caution à raison des éventualités susceptibles de se produire. (l. 67).

Si un associé a été dans la nécessité de faire un emprunt, il doit lui être tenu compte des intérêts qu'il a payés. (l. 67, § 2.)

Si, avec les capitaux qui lui sont propres, il a fait un prêt à la société, il a droit aux intérêts de son argent. Sa situation ne doit pas être plus mauvaise que s'il avait prêté à un étranger. (l. 67, § 2.)

3° les risques subis dans la gestion des affaires sociales.

Un certain dissentiment existait à cet égard entre les jurisconsultes.

Des esclaves appartenant à la société tentent de prendre la fuite ; un associé est blessé en leur résistant. Sa guérison nécessite des dépenses. D'après Labéon et les Proculéiens ces dépenses n'auraient pas dû lui être remboursées ; elles n'ont pas été faites pour la société, bien que faites à l'occasion de la société. (l. 60, § 1.)

Julien pensait au contraire qu'il avait droit de se faire indemniser. (l. 61.)

De même, un associé est en voyage, pour acheter des marchandises ; il tombe entre les mains des voleurs ; ses esclaves sont blessés, son argent et ses effets lui sont enlevés. La perte d'après Julien, est à la charge de la communauté, et les associés doivent, s'il y lieu, supporter leur part des frais de médecin. (l. 52, § 4.)

Le sentiment de Julien a prévalu.

Toutefois, il convient de l'entendre avec un tempérament qui est de toute justice. L'associé qui souffre de la perte, ne doit avoir à se reprocher aucune faute. S'il est volé en voyage, on lui doit compte seulement de ce qu'il lui était indispensable d'emporter pour les affaires de la société. S'il fait naufrage, il faut qu'il n'ait pas été d'usage de transporter les marchandises autrement que par mer.

Le droit romain caractérise en termes énergiques la situation de ceux qui éprouvent une perte par leur faute : « Quod quis ex sua culpa damnum sentit, non intelligitur damnum sentire. » (l. 203, de reg. Jur.)

En dehors de ce cas, il en est d'autres où il est exact d'appliquer la distinction formulée par Labéon entre le préjudice éprouvé « in societatem » ou « propter societatem. » Par exemple, quelqu'un prive un associé, à cause de ce titre, d'un legs, ou d'une héredité. Evidemment ces faits ne sont pas la conséquence naturelle de la gestion des affaires sociales. Ils ne se rattachent à la société que très-indirectement, et ne peuvent fournir contre elle matière à aucune réclamation.

En cas d'insolvabilité de l'un de ses coassociés, chaque associé avait contre les autres, un recours en garantie. (l. 67.)

C. ACTION PRO SOCIO.

Les différents droits auxquels donnaient naissance les rapports des associés entre eux, étaient mis en mouvement au moyen de l'action pro socio.

C'est une action de bonne foi, et qui est la même pour tous, sans qu'il y ait à distinguer entre une action directe et une action contraire, la situation de tous les associés étant la même dès le jour du contrat. (Inst. liv. IV, 16 §2.)

Elle est donnée régulièrement aux associés les uns contre les autres.

Elle peut revêtir la forme d'action quod jussu, institoria, etc., et être exercée directement contre un tiers, lorsque la société a été contractée par exemple sur son ordre, ou avec son fils. (l. 84).

Elle est accordée aussi à l'héritier de l'associé, dont nous examinerons plus loin la situation, et elle peut être intentée contre lui. (l. 63 § 8 ; l. 3 C. h. t.)

L'action pro socio embrasse toutes les infractions au contrat et tous les droits qui naissent sous son régime. Mais si elle était utile pour obliger les associés à se tenir compte de leurs créances réciproques, il y avait un effet de droit qu'elle était impuissante à produire : l'attribution de la propriété ou des droits réels. En effet, elle n'a pas d'adjudicatio. (l. 43).

On était obligé d'avoir recours, à cet égard, à l'action communi dividundo. Mais l'action pro socio garde toute sa portée en matière de créance. Il ne saurait y être question d'indivision ni de partage : le but de l'action est ici l'accomplissement des faits juridiques à l'aide desquels le droit romain obtenait indirectement les effets d'une cession de créances.

L'action pro socio présentait deux caractères particuliers, dérivant du « jus fraternitatis » que les jurisconsultes se plaisaient à reconnaître dans le contrat de société.

1° En cas de succès, elle entraîne l'infamie contre l'associé coupable. (Inst. l. IV, 16 § 2.)

2° Les condamnations prononcées sont limitées à ce que l'associé possède. Cette faveur a reçu le nom de bénéfice de compétence.

Le bénéfice de compétence s'applique d'une manière générale à toutes les sociétés (l. 63.)

La l. 16 de re jud. parait le restreindre aux sociétés universorum bonorum ; mais on admet que cette loi a dû être interpolée. Elle est en effet tirée d'Ulpien ; or Ulpien a fourni aussi le fragment reproduit dans la loi 63. Il serait donc en contradiction avec lui même. D'autre part la l. 67, de Paul, s'exprime également sans restriction sur le même sujet.

Ce bénéfice est personnel. Il n'est pas accordé au fidéjusseur, à moins que celui-ci ne se présente au procès comme défenseur de l'associé ; il est refusé au maître ou au père de famille, dans le cas où l'action revêt la forme quod jussu ou institoria ; enfin, il ne passe pas aux héritiers. (l. 63 § 1 et 2.)

Le préteur ne l'accordait que « causa cognita. » Il était refusé à celui qui niait sa qualité d'associé, ou s'était rendu coupable d'un dol dans les faits ayant donné naissance à l'action. (l. 22 § 1 de re jud.)

Le quantum de la condamnation prononcée contre l'associé est déterminé par la valeur de sa fortune à l'époque du jugement (l. 63 § 6.)

On considère comme faisant partie de son patrimoine, les biens qu'il a cessé de posséder par dol. (l. 63 pr. et § 7.) Le dol ne peut-être pour personne un moyen de se libérer de ses obligations.

Mais si l'insolvabilité de l'associé est due à une simple faute de sa part, il n'y a pas à lui en demander compte.

A fortiori s'il néglige une occasion de s'enrichir. (l. 68 § 1.)

La condamnation doit elle être calculée sur l'actif net de l'associé ? Il importe de faire à cet égard une distinction. On déduit les dettes nées ex ipsa societate. (l. 63 § 3.)

Celui qui aurait absorbé à l'exclusion des autres, tout ou partie de l'actif, en devrait le rapport de manière à répartir proportionnellement entre tous les créanciers la charge de l'insolvabilité. (l. 63. § 5.)

Quant aux dettes ayant une cause étrangère à la société on n'en fait pas déduction. Le débiteur reste donc à leur égard à la merci de ses créanciers contre lesquels aucune exception ne le protège. Par là se trouvent annulés en fin de compte les avantages que le bénéfice de compétence parait au premier abord devoir assurer aux associés. Ses effets se bornent à sauvegarder la déférence et les égards réciproques qui doivent caractériser leurs relations et à en écarter les mesures de rigueur qu'entraîneraient, vis-à-vis les uns des autres, des poursuites pour inexécution de leurs dettes.

La loi 173 de reg. Jur. attache au bénéfice de compétence, sans distinction des cas auxquels il s'applique, un privilége, originairement réservé au seul donateur, poursuivi pour exécution de la donation. (l. 19, § 1 et l. 30 de re jud.) Non seulement le passif doit être déduit de l'actif, dans la mesure que nous avons indiquée; mais on doit laisser encore au condamné quelques biens : ne egeat. Ce présent, dans la plupart des cas, sera pour l'associé sans valeur; ce ne sera pas lui qui profitera du sacrifice imposé à ses coassociés, mais bien les autres créanciers, à l'action desquels il n'a pas été tracé de limite.

Les ménagements dont les associés doivent user les uns à l'égard des autres, n'exigent pas qu'un état momentané d'insolvabilité entraîne l'extinction des obligations qui leur incombent. Bien que dispensé en partie de payer, l'associé n'en demeure pas moins tenu « in universum. » Par conséquent, s'il revient à meilleure fortune, il doit faire à son créancier abandon des biens qu'il acquiert, jusqu'à son entière libération. L'exécution de cette obligation est garantie lors du jugement par une stipulation. Sans cette précaution, le créancier qui postérieurement aurait voulu se prévaloir de l'action pro socio, aurait été exposé au danger de se voir repoussé par l'exception rei judicatæ. (l. 63, § 4; l. 47, § 2 de pecul.)

Nous avons vu l'action pro socio, insuffisante dans certains cas, et obligée de céder la place à l'action communi dividundo.

Il est d'autres hypothèses où le créancier peut indifféremment et à son choix, employer l'une ou l'autre de ces deux actions. C'est lorsqu'il s'agit de régler les indemnités que les coassociés peuvent se devoir, à raison des dépenses qu'ils ont faites, du préjudice qu'ils ont causé, ou des bénéfices qu'ils ont prélevés. (l. 38, § 1 ; l. 8, Com. div.)

Toutefois, ces deux actions, tendant au même résultat, ne peuvent être exercées cumulativement, à moins que l'on ne doive obtenir par l'une d'elles plus que ce que l'on a déjà obtenu par l'autre. (l. 43.)

Après que la société est dissoute, l'état d'indivision persiste encore quelque temps, et tous rapports ne sont pas nécessairement brisés entre les coassociés : des faits de nature à donner lieu à un recours peuvent encore se produire. Cette situation est du ressort exclusif de l'action communi dividundo. Il n'est plus exact, de prétendre que ce qui a été fait alors l'a été « pro socio, » dit le texte. (l. 65 § 13.)

Certains faits capables de donner ouverture à l'action pro socio, peuvent encore rentrer dans le cadre d'actions autres que l'action communi dividundo.

Un associé blesse ou tue l'esclave qui faisait les affaires de la société. Il tombe sous le coup de loi Aquilia. (l. 47, § 1, 48, 49.)

Il détourne frauduleusement une chose de la société, où la retient cachée. Il peut-être poursuivi par l'action furti. (l. 45).

Le jurisconsulte, fait à cette occasion, une observation pratique. La fraude doit-être dûment constatée pour que l'action furti doive être intentée. Si le caractère des actes de l'associé n'est pas nettement déterminé, on doit présumer, à raison de sa qualité de copropriétaire, qu'il ne fait qu'user de son droit, plutôt que de lui supposer une intention coupable. (l. 51.)

La loi Fabia peut aussi recevoir son application. Ici

encore, il convient que la certitude soit complète sur l'existence du crime de plagiat. (l. 51, § 1.)

Les clauses du contrat de société, peuvent faire, en tout ou partie, l'objet de stipulations. L'exécution doit alors en être poursuivie par l'action ex stipulatu. La loi 71 pr. nous donne un exemple du soin avec lequel on doit scruter les hypothèses, et déterminer les points précis compris dans la stipulation, pour éviter, par exemple, d'attribuer à celle qui ne serait intervenue que sur une clause pénale, les effets de celle qui aurait porté sur le contrat lui-même.

L'associé dans certains cas, est autorisé à se prévaloir de lois spéciales. En cas de réparations faites par lui à la maison commune, Marc-Aurèle lui donne le droit de se faire rembourser dans les quatre mois le capital qu'il a dépensé avec des intérêts déterminés, sinon à l'expiration des quatre mois, il devient propriétaire de la maison. (l. 52 § 10; l. 4 C. de æd. priv.)

La loi 69 présente enfin une hypothèse dans laquelle l'action pro socio se trouve en concours avec l'action ex vendito. Ce texte a été de la part des commentateurs l'objet d'interprétations diverses. L'explication suivante nous paraît être la plus naturelle : Une société se forme pour conclure un achat. Il est convenu que l'un des associés pourra prendre le marché pour lui, moyennant le remboursement aux autres de tous les frais. Il use de son droit, et ne remplit pas ses engagements. Les coassociés pourront agir par l'action pro socio, et aussi par l'action ex vendito, car ils ont en quelque sorte vendu leur part dans la chose commune.

Suivant quelles règles dans ces différents cas, l'exercice des diverses actions doit-il être combiné ?

Il est de principe qu'on ne peut exercer cumulativement deux actions dont le but est le même. Ainsi en cas de vol, on ne peut plus agir pro socio si la condictio furtiva a déjà été intentée ; (l. 47.) l'une et l'autre action est en effet rei persecutoria. C'est ce que nous avons déjà dit à propos de l'action communi dividundo. (l. 38 § 1.) La même règle se retrouve dans la loi 41 à propos des actions pro socio, et ex stipulatu.

Mais le concours est toujours possible quand les deux condamnations sont étrangères l'une à l'autre. C'est ce qui arrive lorsque les deux actions sont pénales ; pareillement quand l'une est pénale et l'autre rei persecutoria. L'action pro socio peut ainsi être exercée sans préjudice de l'action furti (l. 45.)

Deux actions peuvent se rencontrer en un point, et différer en d'autres ; l'une se bornant à atteindre un certain but, l'autre le dépassant. Telle est, vis-à-vis de l'action pro socio, celle de la loi Aquilia, rei persecutoria pour partie, et pénale pour le reste. Les deux actions s'excluent alors en ce qu'elles ont de commun ; mais il est permis de les intenter successivement si par la seconde on doit obtenir plus que ce que la première a procuré. Par exemple j'ai stipulé de mon coassocié une clause pénale, et le dommage qu'il me cause en excède la valeur : j'ai intérêt à agir encore par l'action pro socio pour être indemnisé du surplus (l. 42.)

L'existence d'une action spéciale ne peut enlever à l'associé la liberté de recourir à l'action pro socio. Ainsi dans l'hypothèse prévue par la loi 52 § 10, il peut renoncer à se prévaloir de la constitution de Marc-Aurèle, et si, peu soucieux d'acquérir la propriété de la maison réparée par lui, il préfère être indemnisé de ses dépenses, en poursuivre le remboursement par l'action pro socio, même après l'expiration des 4 mois formant la période assignée par l'empereur aux réclamations pécuniaires.

2° RAPPORTS DES ASSOCIÉS AVEC LES TIERS.

Les associés peuvent entrer en relations avec les tiers par l'intermédiaire d'un mandataire ou directement.

Plaçons nous dans la première hypothèse. Le mandataire peut être un associé gérant ou administrateur, investi d'un pouvoir général, ou d'attributions déterminées; ou bien ce peut être un étranger chargé de la conclusion d'une affaire spéciale : les principes sont les mêmes dans tous les cas.

Le droit civil s'est opposé pendant longtemps à ce que le mandataire put faire acquérir à son mandant aucun droit de propriété ou de créance, ni le grever d'aucune charge.

Tous les effets juridiques de l'acte accompli se réalisaient en la personne du mandataire. Il en procurait le bénéfice au mandant à l'aide d'opérations intervenant postérieurement entre eux.

Cette rigueur se modifia d'abord en ce qui concerne l'acquisition de la possession, et par suite de la propriété qui fut reconnue possible per extraneam personam.

La transmission des créances des mains du mandataire à celles du mandant, s'opérait au moyen de la procuratio in rem suam; après qu'on eût cherché à entourer cette institution de toutes les garanties de nature à sauvegarder les droits du mandant, on en vint à admettre ce dernier, à exercer utilement l'action du contrat réalisé par le mandataire. (l. 1 et 2 de Inst. act. ; l. 16 de pactis : l. 5, 7, 8, C. de hered. vel act. vend.)

Les institutions suivirent une marche correspondante à l'égard des obligations. Ces principes nouveaux furent introduits à propos de l'action exercitoire. Celui qui a traité avec le magister, peut agir contre l'exercitor. (l. 1 pr., § 17, et 24 de Exerc. act.) S'il y a plusieurs préposants, l'action est donnée solidairement contre chacun d'eux. (l. 1. § 25, 2, 3, 4, § 1, eod.) La jurisprudence étendit ces décisions de l'hypothèse spéciale à tous les cas analogues.

L'application de ces règles suppose évidemment que le tiers a contracté avec le mandataire dans la mesure des pouvoirs qui lui avaient été confiés ; la mission du préposé peut être limitée à un genre d'opérations déterminé ; s'il y a plusieurs mandataires, chacun d'eux peut être investi d'attributions spéciales, ou ils peuvent avoir été assujettis à ne rien faire l'un sans l'autre. Le mandant n'est pas tenu si les termes du mandat n'ont pas été respectés. (l. 1, § 12, 13, 14 de exerc. act.)

Nous passons aux cas dans lesquels les associés agissent personnellement, en cette seule qualité, indépendamment de tout mandat dont leurs coassociés pourraient les avoir chargés.

On applique ici la règle suivant laquelle nul ne peut stipuler ni promettre pour autrui. Les actions nées du contrat, sont données à celui-là seul qui y a été partie, ou contre lui seul.

Les associés peuvent contracter collectivement. Les créances et les dettes se divisent alors entre eux. La solidarité n'existe que si elle résulte expressément des termes du contrat.

La division, dans les rapports des associés entre eux, s'opère proportionnellement à la part qu'ils ont dans l'affaire. Aux termes de la loi 4 pr. de exercit. act., il en est ainsi même vis-à-vis des tiers, et chacun des contractants ne peut être poursuivi par eux que pro proportionibus exercitionis.

Des relations directes s'établissent encore entre les associés et les tiers, au cas de conventions faites par ceux-ci avec les esclaves appartenant soit à tous les associés, soit à quelques uns d'entre eux. On sait en effet que l'esclave commun acquiert pour chacun de ses maîtres en proportion de leur part, à moins qu'il n'ait stipulé nominativement pour un seul ou par ordre d'un seul. — S'il y a obligation contractée, le tiers peut agir in solidum contre chacun des maîtres ; (l. 27 § 8 de prec.) et la loi en donne le motif : « Est enim iniquum in plures adversarios distringi eum qui cum uno contraxerit. »

DISSOLUTION.

A. CAUSES DE DISSOLUTION.

Ulpien, (l. 63 § 10) résume en ces termes les causes de dissolution : « societas solvitur ex personis, ex rebus, ex voluntate, ex actione. » Nous suivrons la division qu'il indique.

Ex personis ; — la société se dissout par la mort des associés. (l. 52 § 9.)

La mort d'un seul suffit pour amener la dissolution, quand même la société aurait été formée entre un certain nombre d'associés ; à moins toutefois qu'à l'époque du contrat il n'ait été convenu qu'elle continuerait entre les survivants. (l. 65 § 9.)

Dans aucun cas l'héritier du défunt n'est admis à prendre dans la société la place de son auteur.

Une clause formelle insérée à cet effet dans le contrat primitif serait même sans valeur. (l. 35 ; l. 59).

En effet, si l'héritier n'a pas été désigné nominativement, les associés s'engagent vis-à-vis d'une personne incertaine ; s'il a été désigné, cette désignation est vaine, à moins que son auteur ne se lie les mains au point de vue de l'usage qu'il pourra faire de sa liberté de tester, ou ne lui fasse obtenir la préférence sur les autres parents qui pourront se trouver plus rapprochés que lui. Or l'un et l'autre est également impossible. (l. 52 § 9.)

Bien que les liens de l'association soient brisés tous rapports ne cessent pas entre les héritiers du prémourant et les associés survivants. Ils restent temporairement dans un état d'indivision. Les obligations et les droits nés avant la dissolution demeurent intacts à l'égard des héritiers. Ils peuvent réclamer les bénéfices et doivent supporter les charges qui en sont la conséquence, lors même que ces conséquences ne se produiraient qu'après la dissolution. (l. 65 § 2 et 9). Ils doivent achever les opérations entreprises par leur auteur. (l. 40.) Enfin ils sont tenus dans leurs rapports avec la société à tout ce que la bonne fois comporte et sont responsables de leur dol personnel comme de celui dont leur auteur se serait rendu coupable. (l. 35, 36.)

Nous venons de faire connaitre le droit commun. Une exception considérable y est apportée dans la matière spéciale des sociétés vectigalium, et autres de même nature, salinarum, argentifodinarum, etc.

Même en l'absence de conventions particulières, ces sociétés subsistent malgré la mort d'un associé. (l. 59.)

Toutefois, cette règle édictée dans l'intérêt de ces sociétés, et pour favoriser les opérations auxquelles elles se livrent, ne reçoit son application qu'autant que les circonstances la rendent possible et avantageuse. Il y a là une question d'appréciation. La société ne continuera pas si elle avait été formée principalement en considération du concours de l'associé défunt, ou si elle ne pouvait être administrée sans lui. (l. 59.)

Une seconde dérogation aux règles ordinaires consiste dans la possibilité d'admettre l'héritier à prendre complètement dans la société la place de son auteur. Mais ceci n'avait pas lieu de plein droit. Une convention spéciale devait autoriser cette substitution ; les associés devaient y consentir expressément. A quelle époque et dans quels termes leur consentement à cet égard devait-il intervenir ? « Si pars defuncti ad personam heredis adscripta sit, » dit la loi 59 ; « Si heres fuerit adscitus, » dit la loi 63 § 8. Ces deux expressions sont elles synonimes ? La première désigne-t-elle une clause insérée dans l'acte de société ? La seconde suppose-t-elle au contraire, que la société se trouvant déjà formée, l'héritier y est affilié après coup, à la suite d'une délibération des associés survivants ? Les deux conditions concourent-elles, en ce sens que non seulement les statuts doivent stipuler le remplacement de l'associé par son héritier ; non seulement le nom de celui-ci doive figurer à ce titre sur les registres de la société : mais qu'il doive en outre être agréé par l'assemblée des actionnaires ? Il faut bien reconnaître que la lumière manque sur ce point. Un acte juridique doit intervenir, ceci est incontestable :

mais quelle en est exactement la nature ? Les éléments font défaut pour le déterminer avec certitude.

Un dernier trait par lequel les sociétés publiques se distinguent des sociétés ordinaires, est la situation faite dans les premières aux héritiers des associés, alors même qu'ils ne sont pas admis à succéder pleinement aux droits de leur auteur. Au lieu que dans la société « voluntaria » les rapports de l'héritier avec les associés soient limités « in eo quod ex ante gesto pendet, » (l. 65 § 9.) dans la société vectigalium, il continue à participer aux gains et aux pertes, sans distinction entre le temps qui précède la mort de son auteur, et le temps qui la suit. (l. 63, § 8.) Sa position, par suite de la privation du titre d'associé, diffère donc de celle des autres en ce point seulement qu'il est exclu de la gestion.

Le remède à l'exclusion dont sont frappés les héritiers dans les sociétés ordinaires, se trouve dans la faculté qui leur appartient de former soit entre eux, soit avec les associés survivants une société nouvelle. (l. 37.)

Malgré la dissolution, des opérations nouvelles peuvent encore être accomplies. On applique à cette situation les règles du mandat. Ce qui a été fait de bonne foi dans l'ignorance de la mort de l'associé décédé profite à la société, ou est mis à sa charge. Si la dissolution était connue, les associés qui ont agi sont atteints seuls par les conséquences de leurs actes. (l. 65 § 10).

Des faits de nature diverse étaient, au point de vue de la dissolution, assimilés à la mort.

C'étaient : la confiscation des biens d'un associé ; du moins la confiscation universelle. Dans ce cas en effet, celui qui la subit est considéré comme mort, et le fisc vient prendre sa place. (l. 65 § 12.)

La déconfiture : « Dissociamur egestate. » (l. 4 § 1.) « Item, bonis a creditoribus venditis. » (l. 65 § 1.) L'associé qui a perdu tous ses biens, ne peut plus en effet satisfaire à l'une des conditions essentielles de la société : l'obligation de faire un apport.

La maxima et la media capitis deminutio. (l. 63 § 10.) On sait qu'elles produisent l'effet de la mort.

La minima capitis deminutio, au contraire, laisse subsister la société. (l, 58 § 2 : l. 65 § 11.)

Deux hypothèses peuvent se présenter : l'émancipation d'un fils de famille, ou l'adrogation d'une personne sui juris.

Dans le premier cas, le père de l'émancipé reste soumis aux actions qui se réfèrent à des faits antérieurs à l'émancipation.

Le fils de son côté peut être poursuivi tant pour la période antérieure à l'émancipation que pour celle qui la suit. (l. 58 § 2.) On sait en effet que la capitis deminutio, si elle éteint les dettes au point de vue de l'obligation civile, laisse subsister l'obligation naturelle (l. 2 § 2 de cap. min.) et que le préteur vient au secours du créancier par la restitutio in integrum, qu'il accorde sans qu'un examen préalable de la cause soit nécessaire, et sans que la prescription puisse apporter aucun obstacle à ses effets. (l. 2 § 1 et 5 ; l. 7 § 2 de cap. min.)

Les droits et les obligations attachés à la qualité d'associé continuent de même à reposer sur la tête de celui qui se donne en adrogation. Ils ne passent pas à l'adrogeant ; celui-ci en effet ne doit pas être imposé, en qualité de coassocié, aux autres membres de la société, auxquels il peut ne pas convenir. (l. 65 § 11.)

La société a pu être contractée avec un esclave. (l. 18 ; l. 58 § 3 ; l. 63 § 2 ; l. 84.)

Aucune obligation ne peut naître dans la personne de l'esclave : en réalité c'est avec le maître que le contrat a été formé.

Il suit de là que si la personne du maître vient à être changée, l'un des associés disparaît et la société est dissoute. C'est ce qui arrive si l'esclave est affranchi ou simplement aliéné. Mais la société dissoute peut se reconstituer immédiatement, et la situation, en fait, n'éprouve aucune modification. (l. 58 § 3.)

Ex rebus. — Il y a dissolution si l'affaire en vue de laquelle la société a été formée, est terminée. (l. 65 § 10.)

Il en est de même si la chose qui formait le fonds social est détruite, ou mise hors du commerce, par exemple si elle est confisquée ou consacrée au culte. (l. 63 § 10.).

La société se dissout encore si la chose que doit apporter un des associés vient à périr avant que l'apport en ait été effectué. Il est essentiel en effet à l'existence de la société, que chacun des associés fasse un apport.

Ex voluntate. — La société formée consensu, prend fin lorsque l'accord est rompu entre les volontés dont le concours lui avait donné naissance.

Le dissentiment d'un seul suffit pour amener ce résultat. (l. 65 § 3.)

Toutefois l'exercice du droit de « renuntiatio » n'est pas abandonné sans réserves au caprice des associés.

Une distinction doit-être établie, à cet égard, entre l'hypothèse où la société a été contractée à terme, et l'hypothèse où sa durée est illimitée.

L'arrivée du terme n'entraine pas de plein droit la dissolution de la société. Elle autorise seulement chacun de ceux qui en faisaient partie à se retirer librement. (l. 65 § 6.)

Avant l'échéance du terme, la renonciation n'est valable que si elle est fondée sur une cause légitime. « Nisi ex necessitate quadam facta sit. » (l. 65 § 6.) Par exemple, lorsque un citoyen est retenu au loin, contre son gré, pour le service de la chose publique ; (l. 16.) lorsque les conditions de l'association ne sont pas tenues vis-à-vis d'un associé ; (l. 14.) lorsqu'il ne lui est pas possible de jouir des choses qui font l'objet de la société ; (l. 15.) ou même simplement, lorsque la conduite et le caractère d'un coassocié sont telles que les relations avec lui soient intolérables. (l. 16.)

En dehors de ces cas, il n'est pas possible de se dégager des liens de l'association sans violer la loi du contrat. Le renonçant tombe sans le coup d'une sanction destinée à donner satisfaction à ceux dont l'intérêt légitime réclame le maintien et l'exécution de la convention.

Le renonçant a bien pu affranchir ses coassociés de leurs obligations envers lui ; mais il ne lui appartient pas, par son propre fait, de se libérer à leur égard. En conséquence, il perd le droit de participer, à l'avenir aux bénéfices de la société. Mais s'il y a des pertes, il doit, jusqu'à l'arrivée du terme, en supporter sa part. (l. 65 § 6.)

Si la durée de la société est illimitée, la dissolution peut être provoquée à toute époque, sans violer aucune convention, soit par tous les associés, soit par un seul.

L'exercice de cette faculté ne subit d'autres restrictions que celles imposées par la bonne foi, qui doit inspirer toutes les mesures prises au cours de la société.

La renonciation, par conséquent, ne doit pas être frauduleuse ; par exemple, faite pour se ménager le bénéfice exclusif d'une addition d'hérédité ; ou pour réaliser seul une opération qui devait être conclue en commun. (l. 65 § 3 et 4.)

Elle ne doit pas être non plus intempestive, c'est-à-dire, faite à une époque où elle puisse mettre en souffrance les intérêts de la société, quand même il n'en résulterait pour le renonçant aucun bénéfice. Ainsi, nous nous associons pour le commerce des esclaves ; vous prenez, pour vous retirer, le temps où la vente ne peut se faire à un prix acceptable. Vous me causez un préjudice, dont je puis encore vous demander compte par l'action pro socio.

En effet, la renonciation entachée des vices dont nous parlons, détermine contre le renonçant la sanction dont nous avons déjà fait mention dans la première hypothèse : « socium a se non se a socio liberat. » Toutefois il y a cette différence importante, que les effets en sont ici limités aux actes faits en fraude ou à contre temps ; la dissolution ne s'en produit pas moins pour l'avenir. (l. 65 § 3.) En effet, il s'agissait simplement de concilier le droit incontesté des associés à demander la dissolution, avec l'obligation qui leur incombe, d'agir en tout de bonne foi.

Celui qui renonce à la société doit notifier à ses coassociés son intention à cet égard. Ainsi un maitre veut rompre une association qu'il avait formée par l'intermédiaire de son esclave. Il ne suffit pas qu'il donne à l'esclave l'ordre de sortir de la société; sa volonté doit en outre être dénoncée à l'associé de l'esclave. (l. 18.)

Cette notification peut être faite par l'associé renonçant ou son mandataire spécialement constitué. (65 § 7.)

Le droit de renoncer à une société appartient aussi, à

4

moins de clause contraire, au mandataire, investi d'un pouvoir général à l'effet d'administrer. (eod.)

La renonciation peut être dénoncée au coassocié en personne ou à son mandataire. Dans ce dernier cas, le maître est libre de la ratifier ou non.

En ce qui le concerne il est dégagé de tous liens vis-à-vis du renonçant ; mais celui-ci ne sera libéré à son égard qu'autant qu'il y consentira. (l. 65 § 8.)

Si la dénonciation est faite au mandataire d'un absent, la société continue de même à produire ses effets au profit exclusif de l'absent jusqu'à ce qu'il en soit instruit. (l. 17 § 1.)

La dissolution peut être le résultat d'un accord tacite entre les associés. C'est ce qui arrive quand ils se mettent à agir séparément, et à faire leurs affaires chacun pour leur compte personnel. (l. 64.)

Les Jurisconsultes examinaient les effets du pacte par lequel on se serait engagé à ne pas renoncer à la société. (l. 14.) D'après Pomponius, une pareille convention serait inutile : elle n'empêche pas la renonciation fondée sur une cause légitime, et n'ajoute rien aux garanties qui existent, même en son absence, contre les renonciations frauduleuses et intempestives. Mais en supposant la durée de la société illimitée et la renonciation faite de bonne foi, le pacte dont il s'agit n'aurait-il pas pour effet de donner, contre le renonçant, ouverture à une action en dommages intérêts, qui se trouverait, sans lui, dépourvue de tout fondement? Il présente donc dans ce cas, une utilité réelle, qui paraît avoir échappé aux rédacteurs du Digeste.

Actione. — La classification d'Ulpien cesse d'être en ce point rigoureusement exacte. En réalité, la société se dissout ici ex voluntate. Proculus le constate, lorsqu'il nous dit que la société dans le cas dont il s'occupe, est « renuntiata. » (l. 65.) Les faits auxquels est attribué le caractère de causes de la dissolution, ne sont à dire vrai que les modes à l'aide desquels la volonté se manifeste. Telles sont une stipulation, ayant pour but d'opérer novation, de changer la « causa societatis, » la base des obligations qui ont pris naissance entre les associés, ou une action intentée pour parvenir à la dissolution.

B. LIQUIDATION.

Le premier point à déterminer après la dissolution est la composition de la masse active ou passive qui doit être répartie entre les associés.

Chacun d'eux y contribue en rapportant ce qu'il peut devoir à la société, et en prélevant ce qui peut lui être du par elle.

La matière de ces rapports et prélèvements nous est connue; nous l'avons examinée en nous occupant des droits et des obligations des associés. On ne fait ici qu'appliquer les principes déjà en vigueur au cours de la société.

Il peut y avoir lieu, au moment de la liquidation, à prendre certaines garanties en prévision de faits qui ne se réaliseront que postérieurement à la dissolution.

Ainsi un associé a contracté dans l'intérêt social une dette qui n'est pas encore échue. Il n'en prélèvera pas dès à présent le montant sur la masse, comme il le ferait pour un capital qu'il aurait déjà déboursé : seulement ses coassociés lui fourniront caution de le défendre à l'échéance. (l. 28.)

La liquidation se termine par l'attribution à chacun des

associés de la part qui lui revient définitivement dans le fonds social.

Suivant quelles règles s'opère la répartition de la masse partageable ?

Trois hypothèses peuvent se présenter. Les associés peuvent régler eux mêmes la distribution des parts, ou confier ce soin à des arbitres ; en l'absence de toute convention, la loi elle-même détermine les droits de chacun.

La plus grande liberté est laissée aux associés pour la fixation des parts. « Quod si expressæ fuerint partes hæ servari debent. » (Inst. III, 25 § 1.) Deux associés ont incontestablement le droit d'attribuer deux tiers à l'un, et un tiers seulement à l'autre.

Toutefois, il ne faut pas perdre de vue la règle qui défend de faire servir la société d'instrument à une donation. En conséquence, l'attribution d'une part supérieure doit toujours être accompagnée d'un apport plus considérable. Ulpien le dit en termes formels dans la loi 29: « Si modo aliquid plus contulit pecuniæ vel operæ, vel cujuscumque alterius rei causa. »

On parvient à rendre meilleure la condition d'un associé, non-seulement en lui attribuant dans les bénéfices une part plus considérable, mais en rendant plus légère celle qui doit lui incomber dans les pertes.

Il est donc permis de convenir que la part d'un associé dans le gain sera différente de sa part dans les pertes, ou même qu'il participera aux bénéfices et ne supportera rien des pertes. (l. 29 § 2 ; Inst. III, 25 § 1.)

Paul, dans la loi 30, à propos de la clause « ut aliam damni, aliam lucri partem, socius ferat » prend soin de faire remarquer, que les deux termes de cette convention ne pourraient recevoir simultanément leur application. On entend par gain ce qui reste après déduction du passif et compensation des résultats de toutes les opérations. Réciproquement il n'y a de pertes qu'après emploi fait de tous les bénéfices à acquitter le passif. La clause dont il s'agit signifie donc que l'associé recevra, au cas où il existerait un excédant d'actif, une part différente de celle qui lui aurait été assignée si la société s'était liquidée par un excédant de passif.

Les Jurisconsultes en permettant d'établir sur des bases différentes la répartition de l'actif et celle du passif, motivent unanimement leurs décisions sur l'importance considérable de l'industrie d'un associé comparée à la valeur des apports en argent faits par les autres. « Quod ita demum valebit, dit Ulpien, si tanti sit opera, quanti damnum est ; plerumque enim, tanta est industria socii, ut plus societati conferat quam pecunia. » C'était également l'opinion de Sabinus. Quintus Mucius, qui regardait comme contraire à la nature de la société, le fait d'attribuer à un associé une part de gain supérieure à sa part de pertes, voyait son opinion victorieusement réfutée par Servius Sulpitius : « quia sæpe quorumdam ita pretiosa est opera in societate, ut eos justum sit conditione meliore in societatem admitti. » Il est donc permis de penser que les conventions dont nous parlons intervenaient plus particulièrement dans l'intérêt des associés qui apportaient à la société, sinon uniquement leur industrie, du moins le concours de leur activité personnelle dans une mesure plus large que les autres, ainsi : « si solus naviget, si solus perigrinetur, periculo subeat solus. » Si des bénéfices ont été réalisés, ils y ont contribué plus efficacement que les autres ; il est juste que des avantages leur soient alors accordés. Dans le cas contraire, on fait en sorte qu'ils n'aient rien à débourser, ou du moins qu'ils aient à débourser moins que les autres. En effet, n'ont-ils pas déjà dépensé en pure perte pour le compte de la société, leur temps, leurs soins, leur industrie? N'est-il pas exact de dire qu'ils contribuent aux charges, pour une part égale, souvent même supérieure, à celle des autres associés auxquels on ne demande que leur argent?

Les associés au lieu de préciser eux-mêmes les parts dans le contrat, peuvent avoir décidé qu'elles seraient fixées par l'un d'eux, (l. 6.) ou par un arbitre pris en dehors de la société.

La désignation de cet arbitre peut faire partie du pacte social ou avoir lieu postérieurement.

Dans le premier cas, si l'arbitre vient à mourir avant d'avoir rempli sa mission, le contrat est résolu ; en effet une condition à laquelle était subordonnée l'existence de la société fait ainsi défaut. (l. 75.)

L'arbitrage dont il est ici question, est de la nature de ceux auxquels les parties ne sont tenues de se soumettre que s'ils se trouvent conformes à l'arbitrium boni viri. Le caractère de bonne foi du contrat de société le veut ainsi. (l. 78.)

En conséquence si la décision de l'arbitre est manifestement inique, elle pourra être corrigée par le juge. (l. 79.)

L'équité à laquelle le devoir de l'arbitre lui prescrit de se conformer, paraît consister, dans la matière, à opérer une répartition proportionnelle aux mises. A deux reprises en effet les textes nous le répètent (l. 6 et 80.) « Conveniens est viri boni arbitrio, ut non utique ex æquis partibus socii simus, veluti si alter plus operæ, industriæ, gratiæ, pecuniæ, in societatem collaturus erat. »

Il ne nous reste plus à envisager que le cas où les parties n'ont fait aucune convention relativement aux parts : « Si non fuerint partes societati adjectæ ; si nihil de partibus damni et lucri nominatim convenit. » (l. 29 ; Inst. III, 25 § 1.)

La loi décide dans ce cas que les parts doivent être égales, « æquas ; æquales. »

On s'est demandé s'il fallait entendre par ces mots une égalité absolue, ou proportionnelle aux mises.

La première interprétation est celle qui découle naturellement des termes employés par la loi, et de la signification constamment attribuée aux mots : « æquæ partes, » par de nombreux textes du Digeste. (l. 8 de Rei Vind ; 7 § 2 de reb. dub. ; 23 ad Sen. Trebel. ; 9 § 12 de hered. inst.)

On objecte que dans les lois 6 et 80, la répartition proportionnelle est présentée comme conforme à l'équité, et imposée aux arbitres. Doit-on supposer que le législateur se soit écarté de cette règle, lorsqu'il est lui-même l'arbitre.

C'est pourtant ce qui résulte incontestablement de la loi 29. Le système de l'égalité proportionnelle y est indiqué comme susceptible d'être appliqué, mais dans quel cas ? « Si vero placuerit ; » si les associés ont manifesté l'intention qu'il en fut ainsi. S'ils ont gardé le silence, l'égalité sera donc absolue, autrement, à quoi bon établir une opposition entre les deux hypothèses.

Cette solution d'ailleurs est logique. En effet, si les parties n'ont pas fait de convention, c'est qu'il n'existait aucun motif d'attribuer à l'une d'elles des avantages particuliers ; dans ce cas, les intéressés n'auraient pas manqué de veiller à ce que des mesures fussent prises pour la sauvegarde de leurs droits. Elle présente en outre la simplicité qui doit être le caractère d'une disposition législative, et permet à la loi d'atteindre le but qu'elle se propose, qui est de déterminer, comme l'aurait pu faire une convention, la situation de chacun des associés. Dans le cas où ceux-ci ne se sont pas expliqués, où trouver les éléments d'une répartition proportionnelle? Il faudra des recherches, des vérifications, un travail peut-être difficile et compliqué, dont la loi ne s'est pas préoccupée d'atténuer les difficultés en déterminant par exemple, comme le fait notre code, la valeur de l'apport en industrie. Nous voici bien loin du domaine législatif. En réalité ce n'est plus la loi qui règle les parts des associés ; elle se borne à indiquer le principe suivant lequel la fixation devra en être faite ; quant à la fixation même elle ne peut-être que l'œuvre d'un arbitre ; mais quelles sont les règles pratiques à observer pour parvenir par cette voie à une solution ? La loi ne contient sur ce point aucune disposition. Sa pensée n'a donc jamais été de consacrer un pareil système.

Un dernier argument invoqué en faveur de l'égalité absolue est celui que présente la loi 5 § 1. Elle autorise la formation d'une société universorum bonorum entre personnes dont la fortune est différente. Le motif allégué est que l'industrie de l'un supplée la plupart du temps à l'insuffisance de son patrimoine. Mais à quoi tend ce motif, sinon à justifier le partage égal des bénéfices de la société ? Si la répartition devait être proportionnelle aux mises, la loi n'aurait pas eu besoin de se rassurer en quelque sorte sur l'équité de sa solution en se prouvant à elle-même qu'en fait, dans les cas auxquels elle s'applique une égalité absolue existera entre les apports.

DROIT FRANÇAIS.

DES SOCIÉTÉS EN COMMANDITE PAR ACTIONS.

Quelques articles du Code de Commerce, et la loi spéciale du 24 juillet 1867, contiennent les principes de la matière que nous nous proposons d'étudier.

L'objectif que s'est proposé le législateur en 1867, a été indiqué en ces termes par le rapporteur de la loi : stipuler à l'occasion de chaque espèce de société, le minimum de garanties dont l'expérience enseigne la nécessité.

La campagne entreprise à cette époque pour la réforme de la législation existante, s'est faite au nom de la liberté des conventions, considérée comme seule capable de sauvegarder et de vivifier l'esprit d'association.

L'œuvre de la loi, par rapport à celle de ses devancières, a consisté à écarter les rigueurs inutiles, les précautions extrêmes, de manière à concilier la liberté des conventions avec la protection des intérêts, protection que le législateur reconnaissait ne pouvoir négliger en cette matière, sans abdiquer son rôle et son devoir.

La tendance à laquelle a obéi la législation, est l'objet de vives attaques.

« Le danger qui met en péril l'esprit d'association, c'est la spéculation, l'agiotage, les désordres et les ruines qui en sont la conséquence.

» Est-ce en présence d'un tel ennemi qu'il est opportun de faire appel au principe de la liberté des conventions? Mais la nécessité d'y déroger ne peut être contestée! La liberté n'implique pas le droit de se livrer à des opérations frauduleuses, et de tendre des pièges au public.

» Ce principe de liberté, d'ailleurs, la loi le respecte-t-elle? — Elle ne fait autre chose que l'entourer de restrictions.

» C'est que les sociétés par action diffèrent essentiellement des sociétés ordinaires. Elles n'offrent ni aux tiers, ni aux intéressés eux-mêmes, les garanties des conventions ordinaires, soit dans leur mode de formation, soit dans leur fonctionnement.

» Etant admis que le devoir du législateur est d'intervenir, suffit-il qu'il assure, pour chaque société, un minimum de garanties? Sa protection, si elle est due, ne doit elle pas être entière?

» Au lieu de soustraire les sociétés anonymes à la nécessité de l'autorisation, il fallait étendre cette formalité aux sociétés en commandite.

» Quelle est la valeur des précautions stipulées par la loi, et que peut-on attendre de l'initiative individuelle, quand l'Etat, malgré l'immensité des moyens dont il disposait, se trouvait parfois impuissant à déjouer les fraudes des fondateurs de société?

» En réalité, il n'y avait, en ce qui concerne la commandite, qu'un seul remède efficace contre les abus : prohiber la division du capital en actions. Par là, on coupait le mal dans sa racine, et on ramenait la commandite à ses limites naturelles, à celles qui suffisent à un commerce sérieux. La division du capital en actions, dans la commandite, ne peut avoir qu'un but : le trafic des actions ; l'agiotage. »

Nous n'avons pas la prétention de résoudre le problème juridique dont nous indiquons les éléments. Il est besoin pour le faire d'une expérience plus grande que celle dont nous pouvons disposer pour ce travail.

Nous resterons sur le terrain purement juridique, et nous nous bornerons à étudier à ce point de vue, la législation existante.

NOTIONS GÉNÉRALES.

La société en commandite, aux termes de l'art. 23 du Code de Commerce, est celle qui se contracte entre un ou plusieurs associés, responsables et solidaires, et un ou plusieurs associés, simples bailleurs de fonds, que l'on nomme commanditaires.

La division du capital en actions lui imprime un caractère particulier : celui d'une société plutôt de capitaux que de personnes. L'action est tout ; l'individualité de l'actionnaire aux mains de qui elle se trouve, s'efface et devient indifférente.

Les avantages résultant de cette modification, outre ceux que procure la combinaison de l'activité et de l'initiative individuelle avec toutes les ressources de l'association, et qui sont dus à l'économie de la commandite en général, proviennent de l'état de liberté et d'indépendance dans lequel se trouve placée cette activité, cette initiative, vis-à-vis des situations personnelles des commanditaires, et des accidents susceptibles, en les modifiant, d'entraver la marche de la société. D'autres avantages naissent encore, des facilités offertes pour porter à un chiffre élevé le capital social, et de la cessibilité des actions, favorisée par la faculté de recourir aux voies de transmission rapide usitées dans le commerce, qui permet au commanditaire de reprendre la jouissance de ses capitaux en cas de nécessité ou si la réalisation des bénéfices tarde trop au gré de son impatience, sans qu'il lui soit nécessaire à cet effet, d'attendre ou de provoquer la dissolution de la société.

Doit-on considérer la société en commandite par actions comme étant par essence et nécessairement commerciale? Des auteurs l'ont soutenu, en se basant sur ces deux idées : que l'engagement personnel des associés est de principe dans une société civile, et que l'action, spécialement l'action au porteur, est un titre essentiellement commercial. L'opinion contraire parait préférable. En effet, il résulte incontestablement des dispositions du code civil, que l'associé peut, dans une société civile, prendre la position d'un simple bailleur de fonds, rester absolument étranger à l'administration, et limiter à sa mise, la part de pertes qu'il s'expose à supporter, ce qui est bien la véritable situation du commanditaire. Ce point admis, aucune loi ne prohibe la division du capital en actions ; aucune loi n'établit que ce titre soit essentiellement commercial ; et peu importerait dans tous les cas qu'il le fut, car ce caractère serait absolument sans influence sur les opérations de la société, et impuissant à en modifier la nature. Peu importerait que les associés dans la transmission de leurs titres fissent acte de commerce, si la société reste étrangère à toute opération commerciale.

Les intéressés font connaître en général dans l'acte de société, la nature de la société qu'ils ont entendu former, et la qualité qui doit être attribuée aux associés. Toutefois, la simple dénomination de commandite par actions ne suffit pas pour imprimer à une société ce caractère, et il importe de s'assurer que les stipulations sont en harmonie avec les déclarations des contractants.

CONSTITUTION DE LA SOCIÉTÉ.

A. ACTE DE SOCIÉTÉ.

La détermination des bases de la société est le premier objet dont les fondateurs aient à se préoccuper.

Avant d'examiner à quelles conditions la société, issue de leur convention, acquiert une existence légale, il y a lieu de se demander comment cette existence même pourra être constatée.

L'acte de société doit-il nécessairement être rédigé par écrit?

L'article 39 du Code de Commerce dispose en général que : « Les sociétés en nom collectif ou en commandite doivent être constatées par des actes publics ou sous signature privée. »

Il n'est fait aucune distinction en vue de l'hypothèse où l'objet de la société serait d'une valeur inférieure à 150 fr.

Quelle est, en cas d'inobservation, la portée de cet article? A-t-il pour but de proscrire absolument la preuve testimoniale, et de la repousser, contrairement au droit commun, lors même qu'elle se présente appuyée d'un commencement de preuve par écrit? S'oppose-t-il à ce que la reconnaissance, et les aveux des associés soient recevables pour établir l'existence d'une société dont il n'a pas été dressé d'acte?

Une vive controverse est engagée sur cette question entre les auteurs. En ce qui concerne les sociétés en commandite par actions, elle est plus théorique que pratique. La nature de ces sociétés, leur importance, les garanties dont il est de leur intérêt de s'entourer, écartent jusqu'à l'idée de l'inexécution d'une condition aussi fondamentale que la rédaction par écrit des conventions sur la foi desquelles le public est appelé à prêter son concours à l'entreprise.

Quand la nature des choses ne s'opposerait pas à la réalisation d'une telle hypothèse, elle trouverait un obstacle dans un texte législatif formel. L'art. 1 de la loi de 1867 subordonne la constitution définitive de la société à certaines conditions dont l'accomplissement doit être constaté par une déclaration du gérant appuyée de pièces justificatives. Au nombre de celles-ci figure l'acte de société.

En outre les sociétés sont à peine de nullité soumises à des formalités de publicité dont l'acte de société constitue un élément indispensable. La loi ne s'arrête même pas à prévoir le cas où cet acte ferait défaut. La société n'a donc pas d'existence à ses yeux si un acte écrit ne la constate.

Ce dernier argument, qui est général, n'a pas semblé décisif, et a été combattu par des motifs que l'on pourrait être tenté d'opposer dans une certaine mesure, à l'argument de même nature que fournit la loi spéciale. Il peut être intéressant, au point de vue théorique de les examiner.

On a dit : « l'ordonnance de 1673 contenait, sur la publications des sociétés, des dispositions analogues à celles de nos lois modernes ; pourtant ces dispositions n'arrêtaient personne, et il était reconnu sans contestation, que la preuve résultant de l'acte de société, pouvait être suppléée dans les termes du droit commun, par la preuve testimoniale, les présomptions ou l'aveu des parties.

» Il est clair qu'il n'y a d'extraits à publier que d'actes existants ; mais la différence est considérable entre le cas où les actes de société n'ont pas reçu de publicité, et celui où, sans rédiger d'acte, les parties ont établi entre elles des rapports sociaux. De ce que dans le premier cas, la loi prononce la nullité, il n'est pas permis de conclure à l'impossibilité dans le second, de suppléer d'une manière quelconque, à l'absence de l'acte.

» Décider autrement, serait encourager la mauvaise foi et les désaveux motivés par le désir, soit de s'attribuer exclusivement des profits qui devraient être partagés, soit de se soustraire au paiement des dettes communes.

» Tout ce que l'on peut admettre, c'est que la preuve du contrat faite, chacune des parties en pourra demander la nullité ; mais ses effets subsistent pour le passé. Là est l'intérêt du débat. »

Nous examinerons plus loin les effets que comporte pour le passé un contrat de société dont la nullité est prononcée. Quant à présent, nous ne pensons pas que l'existence du contrat puisse être établie, en l'absence de preuve écrite, en des termes susceptibles de rendre nécessaire une demande en nullité.

Rassurons de suite les défenseurs alarmés de l'équité et de la bonne foi. Nous ne prétendons pas qu'il ne doive être tenu aucun compte de relations établies dans un but d'intérêt licite. Les faits accomplis pourront être constatés, et leurs conséquences équitables déduites. Les preuves nécessaires seront fournies par tous les modes autorisés du droit commun. Mais ce n'est pas là, à proprement parler, prouver le contrat de société ; ce n'est pas là constituer a priori par la démonstration le faisceau des clauses composant le pacte social, avec la prétention d'en faire la loi des parties, et d'en réclamer l'application, pour le passé ou même pour l'avenir, en admettant que la nullité pour défaut de publication n'enlève pas à cette prétention toute utilité ; soit que personne ne l'invoque, soit que les délais pour remplir les formalités ne soient pas expirés.

On s'est préoccupé de l'atteinte portée au caractère consensuel du contrat de société ; il ne subit aucune altération. L'écrit ne se présente pas en effet comme un élément constitutif du contrat mais comme un simple moyen de preuve. Personne ne va jusqu'à se contenter de la preuve testimoniale pure et simple, et personne ne s'imagine, par les conditions auxquelles il en subordonne l'admission, rendre le contrat solennel. Ce n'est plus dès lors qu'une question de mesure, dont la solution est sans influence sur la nature du contrat.

L'obligation de publier l'acte de société, nous parait fournir à l'appui de l'opinion que nous défendons, un argument considérable. La loi ne peut sanctionner et encourager la violation de ses propres prescriptions ; c'est ce qui aurait lieu, si elle mettait aux mains des associés un mode de preuve, qui suppose l'accomplissement de ces prescriptions impossible de leur part. Elle ne doit pas les autoriser à se prévaloir d'une situation illégale, ni fournir elle-même les éléments à l'aide desquels une pareille situation pourra être constituée.

Il est vrai que le défaut de logique n'avait pas arrêté l'ancienne jurisprudence, et qu'elle avait consacré une telle contradiction dans l'application de l'ordonnance de 1673.

Mais il convient d'observer que les dispositions de cette ordonnance, relatives à la publicité, empreintes d'une certaine exagération, étaient tombées en désuétude. La pratique, après l'avoir sollicitée de ses vœux, en avait bientôt négligé l'application, et le parlement de Paris avait donné sa haute sanction, aux infractions quotidiennes qui y étaient faites. La situation est changée sous l'empire des lois modernes ; les contradictions anciennes n'ont plus aucune raison d'être Il suffit pour s'en convaincre de voir Merlin, après avoir été sous l'empire de l'ordonnance, un des plus ardents défenseurs de la preuve testimoniale, dès qu'il s'est débarrassé des liens de l'ancienne législation, proclamer, comme la conséquence nécessaire de l'art. 42 du code de commerce, que pour les associés entre eux, rien ne peut tenir lieu de l'acte de société. (Conclusions à l'audience du 16 avril 1806.)

L'examen des articles où la loi traite directement de la preuve des sociétés, confirme les déductions tirées des dispositions voisines.

L'art. 29 du code de commerce, déclare que toute société en commandite doit être rédigée par écrit.

Cet article, objecte-t-on, n'est que la reproduction de l'article 1341 du code civil. Il ne déroge pas au droit commun, et doit être entendu avec les tempéraments qu'il comporte.

Le droit commun n'est pas constaté seulement par l'art. 1341 du code civil, mais aussi par l'art. 1347. Le code de commerce a reproduit la règle, et négligé l'exception. Est-ce là une circonstance insignifiante?

Une disposition spéciale pour ordonner l'application pure et simple du droit commun, toujours sous entendu, était une précaution superflue, alors surtout que l'art. 1834 du code civil avait déjà proclamé cette règle au titre des sociétés civiles, où se rencontrent les principes généraux de la matière. Ne s'agissait-il pas plutôt, de déroger au droit commun, et de débarrasser la règle des exceptions qui l'amoindrissaient ?

Il est vrai que l'art. 1834 se borne lui aussi à reproduire l'art. 1341, et qu'on ne fait aucune difficulté de tempérer son application par celle de l'article 1347. Mais il y avait, au titre des sociétés civiles, une raison spéciale d'insister sur l'application du droit commun, qui ne se rencontre plus au titre des sociétés commerciales. Il était nécessaire d'exprimer, de manière à trancher toute équivoque, l'intention du législateur, de ne plus laisser subsister aucun vestige des sociétés taisibles de l'ancien droit.

Considérée enfin en elle-même, la société commerciale est par nature, peu susceptible de former la matière de la preuve testimoniale. Elle constitue une personne morale : ce caractère lui donne une importance particulière. Il importe que l'état civil de l'être nouveau qui vient réclamer sa place dans la société, soit nettement déterminé, et son existence, à l'abri de toute contestation. Le contrat de société, d'ailleurs, est un de ceux dont la preuve demande à être entourée des plus exactes précautions. Les clauses s'y rencontrent souvent nombreuses et compliquées ; les questions de chiffre y sont importantes et délicates. Il peut être facile d'établir l'existence même du contrat ; mais de réelles difficultés surgissent dès qu'il s'agit de pénétrer dans le détail des conventions. Il était sage de soustraire de pareilles matières aux incertitudes et aux dangers qui accompagnent ordinairement la preuve testimoniale.

Il a toujours été entendu que les prohibitions dirigées

contre la preuve testimoniale, laissaient absolument en dehors les droits des tiers, et que ceux-ci conservaient la plus grande latitude dans l'emploi des moyens propres à en établir l'existence. On ne pourrait sans injustice les obliger à faire usage de documents qu'il n'est pas en leur pouvoir de se procurer. Il faut du reste les supposer agissant contre un associé en leur nom personnel, et non du chef de leur débiteur, contre une autre personne, avec laquelle ils prétendraient que celui-ci est en société.

L'art. 39 s'il exige un acte écrit, n'exige pas un acte authentique, et s'en réfère, pour le cas où il est sous seing privé, aux prescriptions de l'art. 1325 du code civil.

L'interprétation de cette disposition partage les auteurs en matière de commandite par intérêt. Suffit-il de deux originaux, l'un pour les commanditaires, l'autre pour les commandités ? Considérera-t-on les parties intéressées, abstraction faite des personnes, en ne laissant en présence que les deux éléments qui entrent dans la constitution de la société ? Ou doit-on au contraire regarder comme ayant un intérêt distinct chacun des commandités et chacun des commanditaires, et exiger autant d'originaux de l'acte, qu'il existe d'associés ?

La loi de 1867 a tranché la question pour les commandites par actions. Deux doubles suffiront, quel que soit le nombre des associés. L'un d'eux restera déposé au siége social. Nous verrons plus tard l'emploi de l'autre. (art. 1.)

La jurisprudence avait depuis longtemps adopté cette solution. Le législateur a cru nécessaire de la confirmer expressément à raison de la création des conseils de surveillance, qui, plaçant entre les commanditaires et les commandités un tiers intérêt, aurait pu donner lieu de croire que pour lui aussi, un double devait être exigé.

B. DIVISION DU CAPITAL.

Nous abordons ici l'examen des conditions formant les garanties prises par la loi contre les abus possibles de la liberté laissée par elle aux fondateurs de sociétés.

Le capital ne peut être divisé en actions ou coupons d'actions de moins de 100 fr. lorsque ce capital n'exède pas 200,000 fr. ; de moins de 500 fr. lorsqu'il est supérieur.

La loi du 17 Juillet 1856 a, la première, édicté cette disposition. Des sociétés se formaient destinées à procurer, à des fondateurs de mauvaise foi, au moyen de coupables agiotages des bénéfices frauduleux. Des actionnaires peu éclairés, et faciles à se laisser prendre à l'appat des prospectus, composaient un des éléments indispensables à la réussite de pareilles entreprises. On devait les rencontrer sûrement dans les rangs des petits capitalistes ; de ceux qui ayant amassé péniblement et sou par sou une modeste épargne, sont incapables de résister à la fascination qu'exerce sur eux la perspective d'un accroissement facile et prompt de leur fortune et mettent à la loterie avec une confiance que rien ne désespère, considérant le gain possible, sans se préoccuper des pertes. Pour leur ouvrir les portes de la spéculation, il avait fallu réduire considérablement les valeurs sur lesquelles elle s'exerçait. On avait vu les actions ou coupons d'actions, descendre jusqu'à 10 fr, 5 fr. et même 1 franc. A mesure que diminuait la part pour laquelle ils étaient engagés dans l'entreprise, les actionnaires voyant se réduire à néant leur responsabilité, devenaient plus imprévoyants, plus téméraires plus disposés à tout perdre pour tout gagner.

Par l'élévation à 500 fr. du taux des actions, dans les sociétés dont le capital est supérieur à 500,000 fr., l'entrée dans les grandes entreprises, dans celles dont la spéculation revêtait avec le plus de succès l'apparence, est réservée à des personnes que leur situation pécuniaire fait présumer assez intelligentes et assez instruites pour se défendre des pièges ordinaires de la fraude. D'autre part, la limite de 100 fr., imposée au cas où le capital social n'excède pas 200,000 fr., est assez facile à atteindre pour ne pas apporter d'entraves au développement des petites associations, où se rencontrent souvent les plus sérieuses garanties; des entreprises locales, contraintes à recruter leurs adhérents dans un cercle restreint d'intéressés.

Dans l'une et l'autre hypothèse, la somme engagée par l'actionnaire est assez considérable pour le porter à prendre aux opérations de la société un sérieux intérêt, solliciter sa sa surveillance, et le faire concourir, dans la mesure de ses pouvoirs, à la bonne gestion d'un capital, qu'il peut avec quelque vérité, considérer comme le sien.

C. SOUSCRIPTION DU CAPITAL.

Il aurait été possible de considérer la société comme constituée, et de l'autoriser à donner carrière à son activité, dès l'instant où elle aurait réuni les fonds nécessaires à ses premières opérations. Elle aurait attendu dans cette situation transitoire, les souscriptions nécessaires pour compléter le chiffre auquel elle s'est proposée de porter son capital. Ces premières opérations auraient pu être considérées comme une épreuve utile, et leur succès, comme un moyen heureux d'exciter la confiance et d'appeler les actionnaires. C'est ce qui était permis sous l'empire du code de commerce. C'est à quoi le législateur a voulu mettre un terme en 1856. On a constaté le danger qu'il pouvait y avoir à présenter au public comme vivante et définitivement constituée une société dont l'existence est précaire, et le lendemain mal assuré. Tantôt une pareille démonstration n'est qu'une manœuvre frauduleuse du gérant. Tantôt, des fondateurs sérieux, s'engagent sur la foi d'espérances qui ne se réalisent pas, dans une voie bordée de déceptions, au bout de laquelle est la ruine des actionnaires.

Désormais une société ne sera regardée comme existante, que si elle est en mesure de répondre de l'avenir ; si elle peut justifier dès à présent de la confiance publique, sans avoir à se reposer, pour la voir naître, sur la réalisation d'évènements plus ou moins incertains.

La souscription intégrale du capital est la manifestation des éléments de prospérité que renferme une société; cette souscription intégrale sera toujours exigée. (art. 1.)

La souscription du capital peut-être l'occasion de faits délictueux, en vue desquels ont été prises des dispositions pénales.

Il s'agit de manœuvres destinées à surprendre la confiance et la bonne foi des capitalistes, pour en obtenir des souscriptions ou des versements.

La loi dans son art. 15 range ces manœuvres en deux classes.

D'abord les simulations de souscriptions ou de versements, ou la publication faite de mauvaise foi de souscriptions ou de versements qui n'existent pas ou de tous autres faits faux.

De simples assertions mensongères ne suffiraient pas pour

constituer un délit : il faut qu'il y ait simulation, c'est-à-dire un certain ensemble de faits et de preuves destinés à donner crédit à ces assertions. La publication indépendamment de toute autre circonstance, suffit pour donner au mensonge une gravité qui le rend punissable.

Il est de plus nécessaire qu'au moyen de ces simulations et publications on ait obtenu ou tenté d'obtenir des souscriptions ou des versements. Ceci implique que les manœuvres sont dirigées en vue d'un objet précis, contre des personnes déterminées.

Celles de la seconde catégorie ont un caractère beaucoup plus indéterminé. Elles s'adressent au public en général, et tendent simplement à provoquer des souscriptions ou des versements.

Elles consistent uniquement dans la publication faite de mauvaise foi des noms de personnes désignées contrairement à la vérité comme devant être attachées à la société à un titre quelconque. Les résultats qu'a pu avoir une pareille publication, sont sans aucune influence sur le caractère du délit.

Ces différents faits sont punis des peines portées par l'art. 405 du code pénal.

La souscription des actions peut encore être poursuivie au moyen d'autres agissements, qui, sans être réprimés aussi sévèrement, n'en ont pas moins un caractère éminemment dolosif. Ainsi, une société déjà en cours d'exercice, fait une émission d'actions destinée à constituer un nouveau capital, et dans le but de surprendre la bonne foi des souscripteurs, la situation véritable de la société a été dissimulée au moyen de comptes rendus mensongers du gérant, d'inventaires frauduleux, de livres faux.

On peut se demander ce que devient, dans ces divers cas l'engagement des souscripteurs, et s'ils peuvent être contraints à réaliser des promesses ainsi extorquées.

Il est incontestable que le dol dont le contrat est entaché en amène la nullité entre les parties contractantes : d'un côté les souscripteurs, de l'autre le gérant et la société qu'il représente.

Mais en serait-il de même à l'égard des créanciers sociaux. Par exemple en cas de faillite de la société, ne pourraient-ils pas contraindre les souscripteurs au versement de leur mise, malgré le dol dont ceux-ci ont été victimes ?

Nous verrons plus loin que l'engagement des souscripteurs n'a pas été contracté seulement à l'égard de la société, mais encore à l'égard des créanciers. Or, le dol n'entraîne la rescision d'une obligation qu'autant qu'il est l'œuvre de celui au profit duquel l'obligation a été contractée. Les créanciers sociaux, demeurés étrangers aux manœuvres dolosives pratiquées à l'égard des actionnaires, n'en doivent pas supporter les conséquences. La jurisprudence en plusieurs circonstances, a consacré cette solution.

(Lyon, 31 janvier 1840. — Paris, 30 janvier 1859. — Cass. 10 février 1868.)

D. VERSEMENT A EFFECTUER.

La société ne doit se présenter au public que munie effectivement d'un capital suffisant pour ses premières opérations. Il importe d'autre part d'acquérir dès à présent la preuve que les promesses des souscripteurs sont sérieuses et pourront être suivies d'effet.

Convient-il pour que la garantie soit complète, d'obliger les actionnaires à verser immédiatement les fonds qu'ils se sont engagés à fournir ?

Une telle exigence serait excessive. De nature à effrayer les souscripteurs, elle pourrait mettre obstacle à la constitution des sociétés. Elle serait de plus inutile. Une réglementation sagement ordonnée de la responsabilité des souscripteurs peut donner à leur promesse autant de force qu'un versement intégral. Celui-ci n'aurait donc d'autre résultat que d'accumuler dans les caisses de la société un capital improductif. En effet, la société se trouvera la plupart du temps en mesure de subvenir à ses premières opérations, avec une partie seulement d'un capital dont le chiffre est déterminé en prévision de développements successifs.

La réalisation d'une partie seulement des engagements souscrits suffit donc pour donner satisfaction à tous les intérêts. Le versement à effectuer a été fixé pour chaque actionnaire au quart au moins du montant des actions par lui souscrites. (Art. 1.)

Il est généralement admis que ce premier versement ne peut être fait qu'en numéraire. C'est à cette condition seulement qu'il remplit le but dans lequel il a été prescrit ; qu'il assure à la société les premiers fonds dont elle a besoin, et déjoue les combinaisons des spéculateurs, en empêchant les paiements fictifs.

Cette dernière considération explique pourquoi ce n'est pas le quart du capital pris en masse, qui doit être versé, mais le quart de chaque action en particulier.

E. CONSTATATION DE LA SOUSCRIPTION ET DES VERSEMENTS.

La souscription de la totalité du capital, et le versement par chaque actionnaire du quart de ses actions, sont constatés par une déclaration du gérant dans un acte notarié. (art. 1.)

A cette déclaration doit-être annexée la liste des souscripteurs, et l'état des versements. C'est une preuve à l'appui de sa sincérité, et un document important en cas de poursuites à exercer contre les premiers souscripteurs.

La loi de 1856 prescrivait simplement d'y joindre l'acte de société. Celle de 1867 entre à ce sujet dans quelques détails. L'acte de société est-il sous seing privé, un des doubles doit-être annexé à la déclaration du gérant. S'il est notarié, et s'il a été passé devant un notaire autre que celui qui a reçu la déclaration, une expédition sera annexée à cette déclaration. Mais cette formalité a été jugée inutile si acte et déclaration ont été reçus par le même notaire.

F. APPORTS ET AVANTAGES PARTICULIERS.

L'expérience avait depuis longtemps signalé à l'attention du législateur la nécessité de remédier, lors de la fondation des sociétés, à l'exagération de la valeur attribuée aux apports faits par les fondateurs, et des avantages stipulés en faveur de certains associés. Le préservatif auquel on s'est définitivement arrêté n'a pas été toutefois adopté sans hésitations.

On s'était préoccupé d'abord des facilités qu'offrait pour la réalisation des fraudes, la forme au porteur, des actions, et les premières opinions émises tendaient à interdire de donner des actions de la société en représentation des apports, et à exiger que le prix de ceux-ci consistat toujours dans une part des bénéfices nets de l'entreprise. En 1856, le gouvernement présentait un système fondé sur la responsabilité de l'associé qui fait un apport, et proposait de soumettre celui-ci pendant deux ans, à une action en dommages intérêts. L'introduction dans la loi d'une telle disposition fut vivement combattue, on y vit une atteinte à la liberté des conventions. Celui qui entre dans une société le fait en connaissance de cause ; rien ne justifie alors la protection exorbitante résultant pour lui de cette action pour lésion : ou son consentement n'est pas libre ; alors une réparation ne suffit pas. C'est la rescision même du contrat qu'il a droit d'exiger. On fut effrayé en outre, des difficultés que présenterait l'exercice de l'action, et la détermination après un certain laps de temps, de la valeur exacte de l'apport, dont l'objet peut varier à l'infini ; consister par exemple, dans une industrie, une invention, ou le simple concours d'un individu, aussi bien que dans une valeur immobiliére, ou des capitaux. On craignit d'introduire un mal nouveau en voulant porter remède à un abus, et la commission nommée pour examiner le projet de loi, proposa une autre combinaison. Elle consistait à donner à l'actionnaire, avant de le lier définitivement à la société, le moyen de vérifier les affirmations des prospectus ; s'il n'apporte à cet examen qu'une attention insuffisante, il ne devra s'en prendre qu'à lui seul des déceptions qu'il éprouvera, le droit commun lui ouvrant en tous cas un recours contre le dol et la fraude.

Ce point de vue fut adopté. On décida en conséquence, que lorsqu'un associé ferait, dans une société en commandite par actions un apport qui ne consisterait pas en numéraire, ou stipulerait à son profit des avantages particuliers, l'assemblée générale des actionnaires en ferait vérifier et apprécier la valeur, et que la société ne serait définitivement constituée qu'après approbation dans une réunion ultérieure de l'assemblée générale. (l. de 1856. art. 4.)

Il importait de réglementer la composition de l'assemblée; de ne pas la laisser à la discrétion du gérant ou des fondateurs favorisés; de faire de la vérification une opération sérieuse. La majorité des actionnaires présents, nécessaire pour valider les délibérations, dut réunir un double élément, capital et personnes, comprendre le quart des actionnaires, et représenter le quart du capital social en numéraire. Les associés ayant fait l'apport, ou stipulé les avantages soumis à l'appréciation de l'assemblée, se virent refuser voix délibérative.

Ces dispositions ont été reproduites par la loi de 1867 (art. 4) qui a voulu ajouter encore aux garanties de l'approbation des apports et avantages. Le vote de l'assemblée générale ne deviendrait qu'une formalité insignifiante, si les actionnaires étaient obligés de former en quelques instants leur conviction et de se prononcer sans aucune étude préalable des sujets qui leur sont soumis. En conséquence, la seconde assemblée générale ne pourra statuer, qu'après un rapport qui sera imprimé et tenu à la disposition des actionnaires cinq jours au moins avant la réunion de cette assemblée.

Que résultera-t-il du défaut d'approbation?

La loi de 1867 non contente de répéter ce que disait déjà celle de 1856 : la société ne sera pas définitivement constituée, insiste sur ce point en ces termes : A défaut d'approbation, la société reste sans effet à l'égard de toutes les parties.

L'approbation de la valeur des apports et avantages était en effet la condition à laquelle était subordonné l'engagement des actionnaires aussi bien que celui des associés qui faisaient l'apport ou stipulaient des avantages.

On peut se trouver en face d'hypothèses qui n'ont pas été prévues expressément par la loi.

Par exemple, l'assemblée générale convoquée pour statuer sur l'approbation, ne réunit pas un nombre d'actionnaires suffisant pour la validité de ses délibérations.

Quand ce fait se produit en matière de société anonyme, la loi prescrit la convocation d'une seconde assemblée et abaisse du quart au cinquième le chiffre du capital social qui doit y être représenté par les actionnaires présents. (art. 30.)

Aucune disposition analogue ne se rencontre en matière de société en commandite, et il ne peut être question de suppléer par analogie la dérogation aux règles de l'art. 4 consacrée par l'art. 30.

Mais ne sera-t-il pas au moins permis de convoquer une seconde assemblée générale, et de tenter d'y réunir un nombre d'actionnaires assez considérable pour rendre leur délibération valable aux termes de la loi ?

Quelques paroles prononcées au cours de la discussion, donnent à entendre que l'abstention des actionnaires doit être considérée comme l'indice du peu d'intérêt que portent à la société ceux même dont les souscriptions l'ont fondée, et la preuve que la tentative de constitution a avorté.

Si cependant l'épreuve d'une seconde convocation était

tentée avec succès, aucune raison sérieuse ne s'oppose à ce que la société soit valablement constituée par l'approbation donnée aux apports.

On doit toutefois reconnaître, en présence du silence gardé par la loi sur cette seconde convocation, que dès l'instant où la première n'a pas été suivie d'effet il y a droit acquis à la nullité de la société; la nouvelle délibération, par conséquent, lierait uniquement ceux qui y auraient adhéré.

Il peut arriver que l'assemblée générale ne consente à approuver les apports qu'à la condition de réduire l'évaluation qui en a été faite. Une pareille transaction rentre-t-elle dans ses pouvoirs ?

Dans la discussion engagée à ce sujet au corps législatif, deux opinions se trouvaient en présence.

L'une considérait l'obligation contractée pas le souscripteur comme conditionnelle. Il s'engage sur la foi d'un prospectus ; mais il entend subordonner son engagement à la vérification des promesses qui lui sont faites. L'assemblée générale constate que l'évaluation des apports est exagérée : le prospectus était donc menteur ; la condition de la souscription fait défaut, et le souscripteur reprend sa liberté. Que les actionnaires présents à l'assemblée générale consentent à traiter sur de nouvelles bases, c'est incontestablement leur droit ; mais il ne saurait leur appartenir d'enchaîner la liberté d'autrui, et de lier les absents à la société nouvelle.

Cette théorie était combattue par les orateurs du gouvernement et ceux de la commission. En fait, dès que ceux qui font l'apport y consentent, un accord intervenant sur une évaluation inférieure ne présente aucun inconvénient, ni pour les souscripteurs dont la condition devient nécessairement meilleure, ni pour les tiers, puisque la société n'est pas encore définitivement constituée. En droit, la société n'existe pas seulement à l'état conditionnel jusqu'au jour de la vérification des apports ; l'approbation pure et simple de l'évaluation qui a été faite de ceux-ci n'est pas la condition sine qua non de la formation du lien social. C'est la souscription qui forme la société et qui lie les actionnaires. La loi il est vrai prescrit une révision du contrat, et la dissolution de la société peut en résulter. Mais quel est le caractère de l'assemblée générale chargée de cette révision ? l'assemblée générale n'a et ne peut avoir d'autre caractère que celui de la représentation de l'universalité des actionnaires. La loi appelle de tous ses vœux les actionnaires à prendre part active, dans la mesure qu'elle leur réserve, à la direction de la société. Non contente de les convoquer à l'assemblée générale, elle cherche à stimuler leur concours en le rendant sérieux ; elle met dans ce but à leur disposition les documents de nature à éclairer leur vote. S'il en est cependant qui négligent de se rendre à son appel, quelle peut-être la signification de leur abstention, sinon, qu'ils s'en rapportent à la prudence des autres, plus zélés ou plus capables. Quant aux membres présents à l'assemblée, dira-t-on qu'ils cessent d'être tenus par ses décisions dès l'instant où il s'agit d'autre chose que de l'approbation pure et simple des apports ! A partir du moment où ils ont souscrit, les actionnaires sont incorporés dans la société, et astreints à en observer tous les règlements. Le régime de la société comporte le fonctionnement d'assemblées délibérantes; or, c'est un principe fondamental, que la majorité d'une assemblée dicte la loi à la minorité. Il ne peut dépendre de l'inintelligence, ou du mauvais vouloir de quelques esprits, de faire échec à de sages résolutions, et d'entraver la marche d'une entreprise dans laquelle ils se sont engagés, donnant à d'autres le droit de compter sur leur concours et leur persévérance.

Il n'est pas douteux que cette seconde opinion n'ait été consacrée par la Chambre. Elle a repoussé en effet la demande faite par M. Marie, d'une rédaction nouvelle de l'art. 4, dans laquelle il aurait été dit que l'assemblée générale ne pourrait voter, dans l'hypothèse qui nous occupe, qu'avec le concours de tous les actionnaires. Un amendement présenté peu auparavant par M. Javal, avait également été rejeté. Il était ainsi conçu : « A défaut d'approbation, la société reste sans effet à l'égard de toutes les parties, à moins qu'elles ne se mettent d'accord sur une évaluation différente. » Le vote sur la proposition Marie a clairement démontré que si l'amendement Javal n'avait pas été admis, c'est qu'il était considéré comme inutile.

La loi prend soin de sauvegarder par une disposition spéciale le droit individuel des associés : « l'approbation ne fait pas obstacle à l'exercice ultérieur de l'action qui peut être intentée pour cause de dol ou de fraude.

Les règles que nous venons d'exposer comportent une exception. »

Il peut se faire que la société à laquelle est fait l'apport, soit formée seulement entre ceux qui sont propriétaires par indivis de cet apport. Ceci se produira par exemple, si une société en nom collectif ou en commandite par intérêts veut se convertir en commandite par actions, les actions devant se répartir exclusivement entre les propriétaires de de l'actif social. Il sera dans ce cas impossible de constituer les assemblées chargées de vérifier les apports ; aucun intérêt cependant ne peut souffrir de la formation dans ces conditions, d'une société par actions. Quelle fraude redouter à l'égard des actionnaires ? En quelle autre situation pourront-ils jamais se trouver mieux éclairés ? Les dispositions de l'art. 4 ne seront donc pas applicables dans ce cas.

G. SANCTION.

L'observation des conditions que nous venons d'examiner est garantie par une sanction sévère. D'après l'art. 7 : « Est nulle et de nul effet à l'égard des intéressés, toute société en commandite par actions, constituée contrairement aux prescriptions des art. 1... et 4 de la présente loi.

» Cette nullité ne peut être opposée aux tiers par les associés. »

Les termes de l'article indiquent suffisamment la nature et la portée de la nullité.

Fondée sur l'absence d'éléments essentiels à l'existence de la société, elle est radicale et absolue. C'est de plus une nullité d'ordre public. Tel est en effet le caractère des prescriptions qu'elle sanctionne.

Le contrat vicié ab initio ne peut être l'objet d'aucune ratification, comme serait celle qu'on prétendrait faire résulter de sa paisible exécution. Il est certain qu'une convention expresse, par laquelle les intéressés déclareraient se tenir quittes des conditions imposées par la loi, serait dénuée de tout effet. Il ne saurait être permis d'atteindre le même résultat par une ratification tacite.

Ce n'est pas à dire que l'action en nullité échappe à toute prescription. La prescription elle aussi est d'ordre public, et il n'existe pas d'exception à l'art. 2262 du code civil. Seulement la prescription sera celle de 30 ans. Le caractère absolu de la nullité s'oppose à l'application de l'article 1304.

La convention nulle n'a pu donner naissance, entre les associés, à aucun lien de droit. Elle ne saurait donc être invoquée lorsqu'il s'agit de liquider la situation. Les actionnaires ne sont pas seulement libérés pour l'avenir, mais autorisés à exiger du gérant le remboursement intégral de ce qu'ils ont versé. Le gérant supporte seul les frais occasionnés par la tentative de constitution. Si en fait, des opérations sociales ont eu lieu, elles demeurent à son compte personnel, sans qu'il puisse être question de faire contribuer les actionnaires aux pertes. Cette dernière circonstance explique comment il est dans certains cas intéressant de demander la nullité même après la dissolution et la liquidation de la société.

La seconde partie de l'art. 7 a été textuellement empruntée à l'art. 42 du code de commerce, et lors de la discussion de la loi de 1856, dont l'art. 6 contenait une disposition identique, il a été entendu que ce texte passerait dans la loi spéciale avec le sens et la portée qu'il avait dans l'art. 42. Les questions qu'il soulevait sous l'empire du code de commerce n'ont donc rien perdu de leur actualité.

Tous les intéressés sont autorisés à se prévaloir de la nullité.

Cette faculté appartient incontestablement aux tiers. Mais restés étrangers à la constitution de la société, ils ne doivent pas souffrir des fautes qui en ont amené la nullité. Celle-ci ne pourra leur être opposée par les associés, qui ont violé la loi.

L'intérêt qu'ils peuvent avoir à l'invoquer se trouve par là singulièrement restreint.

Sont-ils débiteurs de la société ? Evidemment, l'annulation de celle-ci ne les dispensera pas d'exécuter leurs obligations. Il n'y a de l'un à l'autre de ces deux faits aucune conséquence logique motivant une telle solution.

Sont-ils créanciers ? La nullité dans la plupart des cas leur sera préjudiciable, le patrimoine social devant constituer pour eux un gage plus solide que la simple responsabilité personnelle du gérant à laquelle ils se trouveraient réduits.

La Cour de Lyon, dans un arrêt du 1er août 1851, a prétendu faire sortir de la nullité, une situation plus favorable pour les créanciers que celle qu'aurait amenée l'application pure et simple du contrat. Son effet, d'après l'arrêt, serait d'enlever aux commanditaires le droit de se prévaloir de cette qualité à l'encontre de l'action des tiers. Placés sous l'empire d'une société de fait, ils se trouveraient soumis à la responsabilité personnelle et solidaire. Sans cela, dit-on, l'observation des prescriptions de la loi est dépourvue de sanction à l'égard des tiers.

La Cour de Paris, le 10 janvier 1858, et la Cour de cassation, le 28 février 1859, ont repoussé cette doctrine. La nullité de la société en commandite ne peut avoir pour effet de la transformer en société en nom collectif. La responsabilité solidaire des associés ne peut exister en l'absence d'un acte qui l'établisse. A défaut d'un pareil acte, les tiers n'ont contre les associés d'autres droits que ceux résultant du contrat passé de bonne foi. Si les commanditaires se sont exactement maintenus dans les termes naturels de leur situation, ils sont restés étrangers aux relations nouées avec les tiers. C'est par l'acte de société seulement que ceux-ci les peuvent connaître. C'est l'acte de société qu'ils sont obligés d'invoquer pour les poursuivre. Mais alors, de quel droit prétendraient-ils substituer aux stipulations de cet acte des stipulations différentes ? Il n'y aura pas à leur égard de sanction de la violation de la loi : mais en est-il besoin ? Ils ont connu la situation de la société ou ils l'ont ignorée. Dans le premier cas, ils ne méritent aucune faveur. Dans le second cas, la loi prend en considération leur bonne foi ; elle assure la réalisation de leurs espérances légitimes ; elle décide que la nullité sera à leur égard comme si elle n'existait pas. Exiger davantage serait aller au-delà de ce que la justice réclame.

Il serait toutefois inexact de dire que la nullité ne profitera jamais aux créanciers. Elle leur serait utile dans l'hypothèse suivante. Nous verrons plus loin qu'elle est susceptible dans certains cas, de mettre en jeu la responsabilité du conseil de surveillance. En admettant qu'un de ces cas se présente, et que la société soit en faillite ou en déconfiture, on comprend l'intérêt que pourraient avoir les créanciers à provoquer la nullité pour associer la responsabilité des membres du conseil à la responsabilité personnelle du gérant, qui constituerait sans cela leur unique ressource.

Si les associés ne peuvent opposer la nullité aux tiers, ils peuvent incontestablement l'invoquer les uns vis-à-vis des autres.

Leurs créanciers personnels ont au même titre qu'eux le droit de la faire valoir contre leurs coassociés.

Leur intérêt est évident. Ils s'opposent, par exemple, à la diminution du patrimoine de leur débiteur, résultant de l'obligation d'effectuer un apport susceptible de devenir le gage exclusif des créanciers sociaux. Si déjà des apports ont été faits, ils mettent obstacle à ce que la société de fait soit liquidée à leur égard, comme si elle avait acquis, avec le caractère d'être moral, une individualité distincte de celle des associés. C'est ainsi qu'il a été décidé que tout l'actif possédé par le gérant au jour de la liquidation, était le gage de ses créanciers personnels, sans que les commanditaires pussent être admis à exercer sur cet actif le prélèvement de leurs mises, leur droit devant se borner à venir au marc le franc avec les créanciers du gérant.

Si déjà les créanciers sociaux ont sur le patrimoine social un droit acquis, que les associés quant à eux, ne seraient pas fondés à contester, les créanciers personnels de ceux-ci, pourront-ils mettre en mouvement, de leur chef, un droit qu'ils ne sauraient plus invoquer du chef de leurs débiteurs ?

Aucun doute n'existe au point de vue du texte de la loi. Ils sont compris dans la classe des intéressés, et il n'existe d'autre exception que celle qui concerne les associés dans leurs rapports avec les tiers.

Mais ne peut-on pas dire que les créanciers personnels ne sont que les ayants-cause des associés, obligés à ce titre de respecter leurs engagements, et liés par l'exception qui les enchaîne ?

La jurisprudence est unanime pour faire prédominer chez eux, au point de vue qui nous occupe, la qualité de tiers sur celle d'ayants-cause. Ici, comme en plusieurs autres matières, les créanciers sont tiers parce qu'ils n'ont pas été partie au contrat spécial dont il s'agit. Leur prétention ici emprunte un caractère particulièrement favorable à cette circonstance, qu'ils ne réclament pas la nullité des engagements pris à l'égard des créanciers sociaux, mais seulement la restriction de ces engagements aux termes du droit commun. Le droit commun des créanciers est le concours sur les biens du débiteur. Les créanciers sociaux réclament l'attribution exclusive de la portion de ces biens destinée à entrer dans le patrimoine social. Mais l'existence de ce privilége est soumise à une condition. Il faut que l'être moral ait pris naissance par l'accomplissement des prescriptions de la loi. L'associé a pu se lier vis-à-vis des créanciers sociaux. Aucune formalité particulière n'est exigée pour la validité de son obligation. Mais un simple accord de volontés est impuissant à lui donner une étendue attachée par la loi à la réunion de conditions dont le créancier est en faute de n'avoir pas vérifié l'accomplissement.

PUBLICATION.

La société est constituée. Elle existe ; mais sa vie n'est encore qu'intérieure. Avant de répandre au dehors son activité, il lui faut se manifester aux tiers.

La publication des sociétés était déjà prescrite en 1673. Son importance est en effet considérable.

Pour que les opérations auxquelles doit se livrer la société soient possibles il importe que les tiers soient prévenus de son existence ; qu'ils sachent de quelle époque elle date, et combien de temps elle durera. La société en commandite s'alimente du crédit personnel des associés en nom, augmenté de la somme des responsabilités limitées des commanditaires ; il est essentiel de porter les noms des premiers à la connaissance du public, et s'il est inutile que les seconds soient personnellement connus, si même il est préférable qu'ils ne le soient pas, du moins le chiffre de leurs engagements doit-être nettement proclamé. Indépendamment de l'avantage que peut en retirer la société, c'est une question de loyauté vis-à-vis des tiers. Il ne doit pas être possible à des commanditaires dont l'existence serait ignorée, de se dissimuler au moment du désastre, et de se soustraire aux poursuites des créanciers. Enfin, la société ne peut prétendre se mêler au mouvement des affaires, avant d'avoir fait connaître le nom sous lequel elle traite, sa raison sociale, et les noms des associés qui sont constitués ses représentants, qui ont reçu pouvoir de gérer, et surtout signer pour elle, c'est-à-dire, l'engager valablement.

Ce n'est que le code de commerce, qui a su discerner, entre les éléments divers de la société, ceux qu'il convenait de livrer à la publicité, ou de laisser secrets. L'ordonnance de 1673 n'avait pas trouvé de milieu entre une publicité excessive et le défaut complet de publicité.

Elle exigeait que les noms de tous les associés fussent livrés à la connaissance du public. Mais cette obligation aurait pu écarter des commandites les capitaux civils, dont les propriétaires, à raison de leur position sociale, ne consentent souvent à courir les risques du commerce qu'à la condition de rester inconnus. Aussi l'ordonnance n'avait elle soumis à la publication que les associations formées entre négociants. Les autres étaient autorisées à rester secrètes. Le code de commerce, en laissant en dehors de la publication les noms des commanditaires, supprimait les inconvénients de la mesure, et permettait de lui donner toute la généralité désirable.

Le moyen mis en pratique depuis 1673 pour réaliser la publication des sociétés, est la publicité donnée aux actes qui les constituent.

Cette publicité était obtenue, d'après l'article 2 de l'ordonnance, par la publication d'extraits des actes, et cela de deux manières : par l'enregistrement au greffe soit de la justice consulaire, soit de l'Hôtel-de-Ville, soit de la justice civile, et par l'affiche de l'extrait dans un tableau exposé en lieu public.

Le Code de Commerce reproduisait identiquement ce système : transcription d'un extrait des actes sur les registres du Tribunal de Commerce, et affiche dans la salle des audiences. Il le complétait par une insertion dans les journaux. (art. 42 et s.)

Aucune modification n'y fut apportée jusqu'en 1867.

La publication se compose aujourd'hui de cinq éléments.

I. Dépôt au greffe.

II. Publication par la voie de la presse.

III. Droit pour les tiers de se faire délivrer expédition ou copie de certaines pièces.

IV. Affiche dans les bureaux de la société.

V. Mentions que doivent contenir les documents émanés de la société.

I. « Dans le mois de la constitution de toute société commerciale, un double de l'acte constitutif, s'il est sous seing privé, ou une expédition, s'il est notarié, est déposé aux greffes de la Justice de paix et du Tribunal de Commerce du lieu dans lequel est établie la société. » (art. 55 § 1.)

Il ne s'agit donc plus simplement d'extrait, comme sous l'empire du code de commerce. Le texte intégral de l'acte de société est porté à la connaissance du public. La formalité du dépôt remplace la transcription sur les registres du greffe, et l'affiche dans la salle des audiences, qui ne constituait qu'un mode illusoire et inutile de publicité. Le délai de quinze jours, à compter de la date des actes, accordé par le code de commerce, pour procéder à la publication, est porté à un mois. Les formalités ne s'accomplissent plus seulement au greffe du tribunal de commerce, mais aussi au greffe de la justice de paix.

En donnant au délai pour point de départ la constitution de la société, l'article met un terme au défaut de concordance qui existait entre l'art. 42 du code de commerce et les dispositions de la loi de 1856. L'art. 42 faisait courir les délais de publication de la date même de l'acte de société ; d'autre part la loi de 1856 subordonnait la constitution définitive de la société à l'accomplissement de certaines formalités reproduites par la loi de 1867 : souscription de la totalité du capital, versement du quart, approbation des apports ou avantages. Il en résultait que la publication devait se faire, aux termes du code de commerce à une époque à laquelle, aux termes de la loi de 1856 la société n'existait pas encore. N'y avait-il pas lieu dès lors à modifier l'interprétation de l'art. 42 en reportant le délai imparti par lui au jour où la société est définitivement constituée? Cependant la jurisprudence continuant à appliquer dans toute sa rigueur, la lettre de l'art. 42, (Agen, 10 mars 1858), l'art. 55 de notre loi a donné à la logique la satisfaction qu'elle réclamait.

L'acte constitutif n'est pas seul soumis à la formalité du dépôt. On doit y annexer d'autres pièces qui intéressent essentiellement l'existence de la société :

1° Une expédition de l'acte notarié constatant la souscription du capital social et le versement du quart.

2° Une copie certifiée des délibérations de l'assemblée générale, relatives à la vérification et à l'approbation des apports ou des avantages. (art. 55 § 2.)

II. Dans le délai d'un mois, fixé pour effectuer le dépôt, un extrait de l'acte constitutif et des pièces annexées est publié dans l'un des journaux désignés pour recevoir les annonces légales. (art. 56 § 1.)

L'extrait doit contenir :

1° L'énonciation que la société est commandite par actions,

2° La raison sociale.

3° L'indication du siége social.

4° Les noms des associés autres que les commanditaires.

5° La désignation des associés autorisés à gérer et signer pour la société.

6° Le montant du capital social, et le montant des valeurs fournies ou à fournir par les actionnaires.

7° L'époque où la société commence, et celle où elle doit finir.

8° La date du dépôt fait au greffe de la justice de paix et du tribunal de commerce.

Il a été entendu dans la discussion, que l'indication du montant du capital social et des valeurs à fournir devait comprendre l'énonciation des conditions auxquelles est soumis le versement de ce capital, et particulièrement, que l'extrait devait faire connaître la clause des statuts par laquelle la société se réserve de convertir, après libération de moitié les actions ou coupons d'actions en titres au porteur.

Il sera justifié de l'insertion par un exemplaire du journal, certifié par l'imprimeur, légalisé par le maire et enregistré dans les trois mois de sa date. (art. 56 § 2.)

L'extrait des actes et pièces déposés est signé pour les actes publics par le notaire, et pour les actes sous seing privés par les gérants. (art. 60.)

Si la société a plusieurs maisons de commerce, comment sera organisée la publicité ?

La loi, dans l'art. 59, résout ainsi la question : « Si la société a plusieurs maisons de commerce, situées dans divers arrondissements, le dépôt prescrit par l'art. 55 et la publication prescrite par l'art. 56 ont lieu dans chacun des arrondissements où existent les maisons de commerce.

» Dans les villes divisées en plusieurs arrondissements, le dépôt se fait seulement au greffe de la justice de paix du principal établissement. »

Le mot arrondissement, dans le second alinéa de cet article, est bien évidemment synonyme du mot ressort de justice de paix. On peut se demander s'il comporte le même sens dans le premier alinéa, ou s'il ne s'y trouve pas au contraire avec le sens de ressort d'un Tribunal de première instance, qui est son acception ordinaire, et celle, qui à la lecture de l'article, se présente le plus naturellement à l'esprit.

L'intérêt de la question se manifeste, si on suppose la société possédant plusieurs maisons de commerce situées dans le même arrondissement judiciaire, mais en des cantons différents.

Faudra-t-il dans ce cas autant de dépôts aux greffes des justices de paix, qu'il y a de maisons sociales ?

La question est résolue par le premier alinéa de l'art. 59 ou elle ne l'est pas, suivant qu'on enlève au mot arrondissement sa signification ordinaire de ressort d'un tribunal, ou qu'on la lui conserve.

Du reste, quel que soit le parti auquel on s'arrête, on est conduit en définitive à la même solution. C'est qu'un dépôt spécial doit être fait dans chaque ressort de justice de paix où existe une maison sociale. C'est ce que décide formellement l'art. 59 § 1, si le mot arrondissement signifie dans cet article ressort de justice de paix. C'est ce qui résulte a contrario du deuxième alinéa du même article, s'il veut dire ressort d'un Tribunal ; et c'est le sens que parait lui avoir attribué la commission. Dans ce cas, en effet une disposition particulière spécifie, pour le cas où divers arrondissements de justice de paix sont réunis dans la même ville, qu'il suffit de remplir les formalités de publication au greffe du principal établissement. Quel serait le sens, quelle serait l'utilité de cette exception si la règle était que pour un arrondissement judiciaire il suffit d'accomplir une fois ces formalités que lque soit le nombre des maisons sociales comprises dans cet arrondissement et les cantons où elles sont situées.

III. Le dépôt resterait sans utilité s'il n'était pas permis à toute personne de prendre communication des pièces déposées aux greffes de la justice de paix et du tribunal de commerce. La loi va plus loin encore. Elle permet aux tiers de s'en faire délivrer à leurs frais expédition ou extrait par le greffier, ou par le notaire détenteur de la minute. (art. 63 § 1.)

Toute personne peut également exiger qu'il lui soit délivré au siége de la société une copie certifiée des statuts moyennant paiement une somme qui ne pourra excéder un franc. (art. 63 § 2.)

IV. Les pièces déposées doivent être affichées d'une manière apparente dans les bureaux de la société. (art. 63 § 3.)

V. Enfin dans tous les actes, factures, annonces, publications et autres documents imprimés ou authographiés émanés de la société, la dénomination sociale doit toujours être précédée ou suivie immédiatement de ces mots écrits lisiblement, en toutes lettres : société en commandite par actions, et de l'énonciation du capital social. (art. 64 § 1.)

Il nous reste à examiner les sanctions qui garantissent l'observation de ces diverses prescriptions.

La contravention à la disposition qui ordonne l'énonciation dans les documents émanant de la société, du caractère de cette société et du montant du capital social est punie d'une amende de 50 à 1,000 fr. (art. 64 § 3.)

Aucune pénalité ne garantit le droit des tiers de prendre communication des pièces déposées, et l'affiche de ces pièces dans le bureau de la société ; l'observation en fut faite lors de la discussion au Corps-législatif, sans qu'il paraisse qu'on y ait pris garde.

Enfin les formalités de dépôt au greffe et de publication d'un extrait dans les journaux doivent être observées à peine de nullité à l'égard des intéressés ; mais le défaut d'aucune d'elles ne pourra être opposé aux tiers par les associés. (art. 56 § 3.)

C'était la sanction déjà mise par le code de commerce, dans son article 42, à l'accomplissement des formalités de publication qu'il prescrivait. La loi de 1867 en reproduit textuellement les expressions.

Nous avons déjà vu cette loi dans son art. 7, emprunter au code de commerce l'article 42. Nous ne reviendrons pas sur les développements donnés à cette occasion. Nous examinerons seulement les points à propos desquels la rédaction de l'art. 42, moins énergique que celle de l'art. 7, ou le caractère de la matière qui nous occupe, ont pu faire naître quelque question particulière.

On s'est demandé pendant quelque temps si la nullité de l'art. 42 était absolue, et ne pourrait être couverte par des actes d'exécution. La nullité paraissait une peine excessive.

On craignait d'exagérer la rigueur du principe, et d'ouvrir la porte à la mauvaise foi.

La jurisprudence et la doctrine sont aujourd'hui d'accord pour reconnaître qu'il s'agit ici d'une nullité d'ordre public ; elle a été établie dans l'intérêt de la sûreté générale du commerce, comme moyen énergique de contraindre à la publication et par là d'éclairer les tiers, et de prévenir les fraudes possibles des associés. Dès lors, elle n'est susceptible d'aucune ratification expresse ou tacite. Les associés par leur propre fait, ne peuvent couvrir une nullité qui n'est pas la garantie de leurs intérêts exclusifs. Les tiers ne peuvent engager l'avenir, ni renoncer à d'autres droits que les leurs.

On ne serait pas fondé à accuser la loi de rigueur, en présence de la négligence impardonnable des associés.

Un point débattu plus vivement a été celui de la liquidation de la société, quand elle a eu pendant un certain temps une existence de fait.

Il est aujourd'hui généralement reconnu que les stipulations du pacte social doivent servir de règle à cette liquidation. En soi le contrat formé est licite. Le défaut de publication le frappe d'un vice purement extrinsèque, qui par suite, ne peut avoir pour résultat d'anéantir tous ses effets. La publication est nécessaire pour constituer un être moral, capable de vivre d'une vie extérieure, d'acquérir et de conférer des droits en cette qualité : mais elle n'est pas indispensable pour que des coassociés, s'étant librement soumis à une convention déterminée, l'ayant volontairement exécutée, se trouvent obligés d'en subir les conséquences.

L'application de ces principes amènera par exemple ce

résultat : que les apports effectués par les associés, au lieu d'être repris par chacun d'eux pour la valeur qu'ils avaient lors de la mise en commun, ainsi qu'il en devrait être si tout le passé était annihilé, seront liquidés comme une propriété indivise, et compris au partage pour leur valeur à l'époque de la liquidation.

Il faut prendre garde que la doctrine que nous exposons n'a rien d'absolu. En somme il y a ici une situation de fait que ne gouverne aucune disposition législative. L'équité par conséquent doit rester la règle suprême, et elle devra toujours l'emporter sur le texte des conventions, par exemple si la stricte application de celles-ci, combinée avec la dissolution anticipée de la société, devait amener un résultat inique et dans tous les autres cas où la demande en nullité, se trouverait être, entre les mains d'un associé, un instrument de fraude.

En outre, l'autorité reconnue au pacte social a son fondement dans ce fait : qu'il est considéré comme l'expression exacte de la volonté des parties. Si les opérations intervenues démontrent chez celles-ci l'intention de donner à leur communauté d'autres bases que celles dont la convention primitive avait tracé le plan, la liquidation ne doit plus avoir lieu conformément au pacte social, qui n'a pas été suivi, mais conformément aux agissements qui ont constitué la société de fait.

On s'est demandé si les associés pouvaient invoquer la nullité les uns vis-à-vis des autres, et s'ils ne devaient pas être exclus de la classe des intéressés autorisés à s'en prévaloir ?

Cette opinion a été soutenue. On alléguait que les formalités de publicité ont été prescrites uniquement dans l'intérêt des tiers ; qu'elles n'ont rien à apprendre aux associés et que par conséquent ils ne peuvent être fondés à faire de leur absence une cause de nullité.

Le texte de la loi paraît résister à cette interprétation. Il semble bien que son expression : les intéressés, s'applique à une classe de personnes comprenant les tiers, mais que les tiers ne composent pas seuls, autrement la rédaction de l'article ne s'expliquerait pas. Il aurait suffi de déclarer que la nullité était établie à l'égard des tiers. En dehors des tiers, quels intéressés rencontre-t-on autres que les associés eux-mêmes ? D'ailleurs si la publicité donnée à la société intéresse vivement les tiers, est-elle donc indifférente aux associés ? N'est-elle pas destinée à faciliter singulièrement les opérations de la société ? N'est-elle pas un élément considérable de crédit et de prospérité ? Les associés dès lors n'ont-ils pas droit de se dégager d'une entreprise qui ne réunit pas toutes les conditions de succès sur lesquelles ils avaient droit de compter ?

L'ordonnance de 1673, où a été puisée l'idée de la sanction qui nous occupe, non seulement autorisait les associés à invoquer la nullité, mais la prononçait même à l'égard des tiers.

Quand il fut question de l'introduire dans le code de commerce, lors de la rédaction de l'article 42, les arguments à l'aide desquels ses adversaires tentèrent de s'y opposer, furent tirés des inconvénients qu'avait présentés son application sous l'empire de l'ordonnance, preuve évidente qu'en se gardant des exagérations de la législation antérieure, on entendait cependant interpréter comme elle les dispositions qu'on lui empruntait.

Faut-il assimiler au défaut absolu de publication la publication tardive ? En autres termes, les délais dans lesquels doivent être accomplies les formalités de publicité sont-ils prescrits à peine de nullité comme ces formalités elles-mêmes ?

La Cour de Lyon l'a décidé par un arrêt du 24 juillet 1827. La loi, quant à la nullité qu'elle prononce, n'établit aucune distinction entre les formalités même, et le délai fixé pour leur accomplissement. Dès l'expiration du délai, la nullité est encourue et elle est d'ordre public ; rien ne peut la couvrir.

Cette solution paraît conforme à l'esprit de la loi, qui a voulu faire de la nullité un moyen énergique de contraindre à la publicité : moyen qu'elle n'a pas craint de rendre rigoureux, parce que l'omission des formalités qu'elle prescrit fait à ses yeux présumer la fraude et que les associés dans tous les cas sont inexcusables de ne les avoir pas accomplies.

On peut se demander pourtant quel danger menace encore l'intérêt public, à partir de l'instant où la publication bien que tardive, a cependant eu lieu. Tous les éléments jugés par la loi nécessaires pour éclairer la confiance des tiers, n'ont-ils pas été portés à leur connaissance, et les agissements frauduleux des associés rendus impossibles ?

On fait remarquer en outre que la fixation de délais a eu pour but de déterminer une époque à partir de laquelle la nullité pourrait-être demandée, à la différence de ce qui se passait sous l'empire de l'ordonnance de 1673, qui ne fixant aucun point de départ à l'accomplissement de ses prescriptions, permettait de paralyser les demandes de nullité par l'exécution la plus tardive. La conséquence n'en doit pas être un obstacle à ce que les intéressés même après ces délais confèrent à leur société les derniers caractères indispensables à la plénitude de sa vitalité, alors que pas une voix ne s'est encore élevée pour protester contre son existence.

C'est en s'inspirant de ces considérations que des cours d'appel, et la cour de cassation même, par quelques arrêts, ont décidé que la demande en nullité devait être repoussée quand elle ne se produisait qu'après l'accomplissement même tardif, des formalités de publication.

La Cour de Paris, dans un arrêt du 27 janvier 1855, s'est rangée à cette doctrine, mais seulement sous bénéfice d'une distinction importante. La publication peut valablement être faite après l'expiration des délais prescrits par la loi ; toutefois la tardivité de cette formalité a pour conséquence, de priver les opérations antérieures de la validité rétroactive que la loi leur attribue lorsque la publication a eu lieu dans les délais, et de ne donner effet à la société que du jour où elle a été publiée.

C'est la théorie consacrée par cet arrêt que nous croyons devoir adopter.

Après que les délais sont expirés sans qu'il ait été procédé à la publication, il y a droit acquis à la nullité. Si une demande tendant à la faire prononcer a été formée avant l'accomplissement de la publication tardive, celle-ci est impuissante à en arrêter les effets ; aucun doute n'existe à cet égard. On retomberait autrement dans tous les inconvénients du système de 1673. En supposant que la demande ne se produise qu'après cette publication, la même solution doit encore être donnée, pour tout ce qui précède l'époque à laquelle la situation de la société a été régularisée. En effet, la nullité dont sont frappées les opérations accomplies pendant cette période, est absolue et d'ordre public. Elle ne peut être couverte ni par des actes d'exécution, ni par le silence des parties. Où trouver donc une fin de non recevoir opposable à l'action, quelque retard qui ait été apporté à son exercice ?

Mais pour l'avenir, doit-on refuser aux associés la faculté de constituer sur des bases légales une société dont l'organisation était demeurée incomplète? Incontestablement ils auraient pu se mettre à l'abri de toute attaque en rédigeant un nouvel acte de société, et en le publiant dans les délais légaux. La situation n'est-elle pas identiquement la même, quelle que soit la date de l'acte, si on ne lui accorde effet qu'à partir du jour où il a été publié ? Il est donc permis, à cette condition, de faire abstraction du temps écoulé entre la date de l'acte et sa publication. Les associés perdront les avantages qui seraient résultés pour eux de l'observation des délais ; du moins les effets qui découlent naturellement des formalités accomplies se produiront.

Pour achever de suite tout ce qui a trait à la matière de la publication, mentionnons ici l'article 61, ainsi conçu : « Sont soumis aux formalités et aux pénalités prescrites par les art. 55 et 56 : (dépôt au greffe et insertion dans les journaux, nullité,) tous actes et délibérations ayant pour objet la modification des statuts, la continuation de la société au-delà du terme fixé pour sa durée, la dissolution avant ce terme et le mode de liquidation, tout changement ou retraite d'associé, et tout changement à la raison sociale. »

DES ACTIONS.

A. NOTIONS GÉNÉRALES.

L'action, au sens matériel, est le titre représentatif du droit de l'associé dans la société.

Dans le sens rationnel, c'est ce droit lui-même.

On le caractérise ainsi : Un droit éventuel à une part de bénéfices, tant que la société existe, à une part du fonds social, quand elle est dissoute, acquis par chaque associé en échange de son apport.

Cette définition peut s'appliquer à l'intérêt aussi bien qu'à l'action. Il importe donc de déterminer ce qui caractérise plus spécialement celle-ci.

Une vive controverse s'est élevée à l'occasion de ce point de droit, et de nombreux systèmes ont été produits. Sans entrer dans tous les détails de la question, nous tenterons de la résoudre en restant dans les bornes du sujet qui nous occupe spécialement.

Incontestablement c'est de la nature de l'action que la société en commandite par actions tire sa physionomie propre. Par conséquent à priori, il conviendrait de poser des principes certains à l'égard de l'action pour en déduire ceux qui doivent gouverner les sociétés.

En fait, depuis longtemps, les lois, la jurisprudence, la

pratique, ont déterminé d'une façon précise les caractères de la société par actions. Nous pouvons donc utilement les consulter, pour arriver à constater ceux de l'action.

Or, ce qui établit une différence profonde entre la commandite par intérêts et la commandite par actions, c'est que celle-ci déroge d'une façon complète à la règle de l'art. 1861 du code civil, aux termes duquel un associé ne peut sans le consentement des autres, associer à la société une tierce personne. Ici au contraire, la cession du titre est de droit. On dit en ce sens que la commandite par actions est une société de capitaux ; le capital versé joue en quelque sorte le rôle d'associé ; c'est à lui que sont attachés le titre et les droits d'actionnaire, et il les confère à son possesseur, quel qu'il soit, sans que la société ait à se préoccuper des changements qui peuvent survenir dans la personnalité de celui-ci.

Il en résulte qu'il est de l'essence de l'action, à la différence de l'intérêt, d'être cessible.

Cette conclusion est confirmée par le texte du code de commerce.

Art. 33. Le capital de la société anonyme se divise en actions et même en coupons d'actions d'une valeur égale.

Art. 35. L'action peut être établie sous la forme d'un titre au porteur : dans ce cas, la cession s'opère par la tradition du titre.

Art. 36. La propriété des actions peut être établie par une inscription sur les registres de la société. Dans ce cas, la cession s'opère par une déclaration de transfert inscrite sur les registres, et signée de celui qui fait le transport ou d'un fondé de pouvoir.

On voit que la loi se préoccupe d'assurer en toute éventualité, la cession de l'action. C'est donc que l'action comporte nécessairement la faculté d'être cédée.

A s'en tenir au texte des articles cités il semble que l'on devrait aller plus loin, et dire que le caractère de l'action est d'être négociable. En effet en même temps qu'ils déclarent l'action cessible, ils nous montrent la cession s'effectuant à l'aide de modes essentiellement commerciaux. Cette interprétation serait cependant exagérée. L'art. 25 de la loi fiscale du 5 juin 1850, ainsi conçu : « les dispositions des articles précédents ne s'appliquent pas aux actions dont la cession n'est parfaite à l'égard des tiers qu'au moyen des conditions déterminées par l'art. 1690 du code civil, » montre en effet clairement qu'il peut exister des actions qui ne soient pas négociables.

L'art. 23 du code de commerce parait attribuer aux actions un second caractère essentiel : l'égalité de valeur.

La loi du 5 juin 1850 rectifie encore sur ce point l'interprétation absolue que comporterait le code. Dans son art. 14 elle suppose que les actions peuvent être indifféremment de somme fixe ou de quotité. Or ici la valeur de l'action variera suivant que l'actionnaire aura souscrit pour un nombre plus ou moins considérable de fractions de l'actif social.

Les actions sont indivisibles. En cas de décès du titulaire, ses héritiers ne peuvent exercer divisement ses droits dans la société, ni réclamer leur part divise des intérêts et dividendes et chacun d'eux peut être poursuivi pour la totalité des versements exigibles.

Nous rappelons sans y insister, la division connue des actions, en actions de capital et actions industrielles, actions payantes et non payantes, actions de jouissance, de fondation et de prime.

B. FORME DES ACTIONS.

Les actions, dans la société en commandite peuvent être nominatives. Elles peuvent aussi, moyennant certaines conditions, être au porteur.

Les actions au porteur s'introduisirent dans les sociétés en commandite vers la fin de la restauration : ce fut l'occasion d'une vive controverse soutenue de part et d'autre par les représentants les plus éminents du barreau de Paris à cette époque.

On les repoussait comme incompatibles avec le régime des sociétés en commandite. Les arguments invoqués en ce sens peuvent se ramener à ceci.

La considération des personnes joue dans la commandite un rôle considérable. L'art. 28 du code de commerce le prouve en qualifiant d'associés les commanditaires aussi bien que les associés en nom, et en déclarant que la société se contracte entre ces associés. Elle est donc d'abord une société de personnes. Avec les actions au porteur, aucun lien ne peut s'établir entre les associés qui s'ignorent perpétuellement les uns les autres.

La forme au porteur offre aux associés un moyen commode de se soustraire à l'exécution des obligations sociales. A qui les intéressés s'adresseront-ils pour réclamer cette exécution? Le titulaire de l'action est inconnu.

Enfin les commanditaires, grâce au secret dans lequel est enseveli leur qualité, pourront se jouer de la défense de s'immiscer dans la gestion, et des dispositions pénales par lesquelles l'art. 28 du code de commerce sanctionne cette prohibition.

Par là se trouve violé l'art. 38 du même code qui ne permet d'autres dérogations aux règles de la commandite que celle résultant de la simple création d'actions.

Ces arguments ont été victorieusement réfutés, et la question tranchée en faveur des actions au porteur par un arrêt de la cour royale de Paris, du 7 février 1832.

La première assertion est manifestement contredite par les faits. Les qualités personnelles de l'actionnaire n'influent en rien sur la détermination du gérant qui reçoit ses capitaux ; elles ne tiennent pas une place plus considérable dans les motifs qui portent les autres actionnaires à confier leurs fonds à la société. La personnalité du gérant joue un rôle à cet égard : peu importe celle des actionnaires ; la possession de leurs capitaux seule intéresse la société. Sans doute à l'occasion du versement de ces capitaux, il y a convention entre les personnes ; la mise de leurs fonds dans la société attribue aux propriétaires de ces fonds la qualité d'associés. Mais il n'en résulte pas que la société soit formée entre les personnes, ni qu'elle établisse entre les associés des relations exigeant pour eux la possibilité de se mettre à tout instant en communication les uns avec les autres.

La forme au porteur n'entraîne pas nécessairement et par elle-même, la faculté pour le commanditaire de se soustraire à toute action en versement de sa mise. Rien n'est plus simple que de concilier cette forme du titre, avec la stricte exécution des obligations du porteur. Les statuts ont le champ libre à cet égard. Il leur sera facile de trouver une combinaison qui permette de subordonner la délivrance d'un titre définitif à la réalisation complète du capital promis, ou de ne dégager de toute responsabilité les souscripteurs primitifs qu'après que le montant intégral des actions souscrites aura été libéré.

Il faut bien reconnaître que l'adoption des actions au porteur favorise l'immixtion des commanditaires dans la gestion. Mais s'il leur est défendu de gérer, la société en commandite ne pourra-t-elle exister qu'à la condition que tout acte d'immixtion leur soit impossible? L'immixtion, que les actions soient ou non au porteur, est une fraude ; que les actions soient ou non au porteur, elle est passible des peines de l'art. 28. C'est là tout ce qui est nécessaire pour satisfaire au vœu de la loi. D'ailleurs dans les circonstances où elle se produit ici, l'immixtion a perdu son caractère le plus dangereux ; elle n'expose plus les tiers au péril contre lequel la sévérité du législateur a eu principalement pour effet de les prémunir : celui de voir leur bonne foi surprise par la qualité d'associé du commanditaire. Ou celle-ci demeurera, comme on le suppose, cachée sous un voile impénétrable : alors, en se mettant en rapport avec les tiers par des actes de gestion, il ne leur a rien promis et ils n'ont rien dû attendre de lui à titre d'associé ; qu'importe dès lors la difficulté que peut offrir la preuve de cette qualité. Ou elle est assez publiquement connue pour avoir pu faire naître chez eux des espérances qui se trouveraient déçues si le commanditaire conservait le droit de se renfermer dans les limites étroites de sa responsabilité : alors il sera facile d'établir l'illégalité des actes de gestion ; les éléments de preuve ne manqueront pas.

Dans tous les cas, l'art 38 du code de commerce autorise la pratique des actions au porteur dans les sociétés en commandite, non seulement parce qu'il permet de diviser en actions le capital de ces sociétés comme celui des sociétés anonymes, sans faire aucune réserve à l'égard des actions au porteur ; mais encore parce qu'il prévoit que de cette division peut naître quelque dérogation aux règles de la commandite ; or, en quel point se rencontre cette dérogation, et quelle cause peut la produire ? Est-ce la division même du capital en actions ? Est-ce la création d'actions nominatives ? L'un et l'autre de ces faits laisse subsister dans la plénitude de leur application toutes les règles de la commandite. La dérogation provient de la création d'actions au porteur ; l'économie de ces actions est seule capable de porter une légère atteinte aux règles concernant l'immixtion des actionnaires dans la gestion. Mais cette atteinte est prévue ; elle est autorisée par le code ; elle donne aux actions au porteur droit de cité dans les sociétés en commandite, loin de les en faire exclure.

Jusqu'en 1856, les actions pouvaient être au gré des fondateurs, nominatives ou au porteur.

La forme au porteur facilitait singulièrement le jeu et l'agiotage, de la part des spéculateurs qui n'entraient dans une société que pour en sortir immédiatement après avoir profité de la prime des actions.

En 1856, de tels abus s'étaient produits, qu'on proposait de prohiber la forme au porteur. Le législateur craignit d'opérer une révolution trop radicale ; il crut pourvoir d'une manière suffisante aux nécessités de la situation, et écarter tous ceux qui cherchent en dehors des opérations sociales la réalisation de leurs espérances, en reliant les actionnaires à la société jusqu'à l'exécution complète des engagements contractés. Il fut établi que les actions resteraient nominatives jusqu'à leur entière libération. (l. de 1856, art 2.)

On admit en 1867 que des circonstances pouvaient se présenter où la conversion des actions nominatives en actions au porteur avant leur entière libération, serait convenable aux intérêts de la société, et favorable à la circulation de ses titres. La loi laisse aux fondateurs le soin d'apprécier éventuellement l'opportunité d'une pareille opération. Elle exige seulement que les statuts l'autorisent, qu'une délibération de l'assemblée générale la sanctionne, et que les actionnaires aient donné à la société et au public un gage suffisant en effectuant le versement de moitié de leurs actions. (art. 3.) Réalisée dans ces conditions, la conversion se produit nécessairement à une époque où la société a déjà pu affirmer son existence aux yeux du public, faire connaître ce qu'elle est, laisser entrevoir ce qu'elle pourra être. Les dangers qu'aurait présentés à l'origine la facilité trop grande de circulation laissée à ses titres, ont disparu.

C. NÉGOCIABILITÉ.

En dehors du mode particulier de transmission résultant de la forme au porteur donnée aux titres, le droit commercial en comporte encore d'autres, inconnus au droit civil, caractérisés eux aussi par la facilité et la rapidité qu'ils impriment aux transactions. Leur emploi constitue ce qu'on appelle la négociation des actions.

La négociation a été, par crainte de l'agiotage, prohibée comme la forme au porteur à l'origine des sociétés, mais on s'est montré plus facile pour l'autoriser, une fois la société constituée.

Les premières dispositions législatives relatives à cette

matière, se rencontrent dans la loi du 15 juillet 1845, relative au chemin de fer de Paris à la frontière de Belgique.

La loi se place d'abord avant l'adjudication du chemin de fer. Des compagnies se forment pour y prendre part ; des souscriptions sont ouvertes, et des récépissés délivrés aux souscripteurs. Quelle est la valeur de ces titres ? Une valeur toute éventuelle, susceptible de s'évanouir si la société n'est pas déclarée adjudicataire. La loi se refuse à reconnaître un droit de circulation à des titres qui ne constituent qu'un engagement purement provisoire, et l'article 8 prohibe la négociation des récépissés de souscriptions.

Mais suffit-il que l'adjudication ait eu lieu pour que les actions de la compagnie adjudicataire aient aussitôt le droit de venir prendre place sur le marché ? Il faut encore que la société soit régulièrement constituée ; que les conditions de l'association soient définitivement réglées, et que la personne morale, de qui émanent les titres ait acquis une existence légale. L'art. 10 de la loi est ainsi conçu : la compagnie adjudicataire ne pourra émettre d'actions ou promesses d'actions négociables avant de s'être constituée en société anonyme dûment autorisée, conformément à l'article 27 du code de commerce.

Les mêmes principes se retrouvent dans les lois de 1856 et de 1867. La négociation des actions est prohibée avant que la société soit définitivement constituée. Au cours de la discussion de la dernière de ces lois, un amendement avait été proposé, tendant à consacrer cette règle par une disposition formelle. Il fut rejeté comme inutile, la prohibition résultant à fortiori de l'art. 13 de la loi, qui interdit avant cette constitution définitive l'émission même des actions. « L'économie de la loi et son ensemble impliquent en réalité cette idée, a dit le rapporteur, et donne par conséquent satisfaction complète à notre honorable collègue. »

Mais la constitution définitive de la société est-elle la seule condition exigée pour que les actions soient négociables ?

La loi du 10 juin 1853, art. 2, frappe d'une peine toute négociation d'actions interdite par le décret de concession d'un chemin de fer, et les cahiers des charges de la concession du chemin de fer de Lyon à la frontière de Genève et du chemin de fer de St Rambert à Grenoble, annexés à cette loi, renfermaient cette clause : que les actions de la compagnie ne pourraient être négociées en France qu'après le versement des deux premiers cinquièmes du montant de chaque action.

C'était là une précaution analogue à celle que les lois de 1856 et de 1867 ont cru devoir adopter, à l'occasion de la constitution des sociétés.

La loi de 1856, article 3, reproduisit purement et simplement la disposition sanctionnée par la loi de 1853. Elle exigeait le versement du quart avant de déclarer la société définitivement constituée, avant de conférer aux souscripteurs la qualité d'actionnaires. Elle voulait qu'un versement plus considérable encore vint la rassurer contre leurs intentions, alors qu'il s'agissait de leur faciliter les moyens de spéculer, et de sortir de la société.

Le législateur de 1867 s'est préoccupé de l'intérêt que peuvent avoir les sociétés à ce que leurs actions soient promptement négociables. Les garanties exigées pour la constitution de la société lui ont paru assez sérieuses pour qu'il fut inutile d'en exiger d'autres, et particulièrement un versement plus considérable, en vue de la négociation.

C'est la pensée qui a été formulée par l'article 2 en ces termes : « les actions ou coupons d'actions sont négociables après le versement du quart. »

Mais il ne faudrait pas conclure de cette rédaction que les actions libérées du quart pourront être négociées indépendamment de l'accomplissement des autres conditions exigées pour la constitution de la société. Le contraire a été formellement affirmé par le rapporteur de la loi. (Séance du 12 juin 1867.) Ainsi, s'il a été fait des apports ne consistant pas en numéraire, ou si des avantages particuliers ont été stipulés, il sera nécessaire, pour que la négociation soit licite, non seulement que le quart des actions ait été versé, mais que ces apports et avantages aient été appréciés et approuvés dans les termes de l'article 4.

De ce que les actions ne sont pas négociables il n'en résulte en aucune façon qu'elles soient indisponibles. A toutes les époques où la question fut agitée, il a été entendu qu'on laissait aux souscripteurs pleine et entière liberté de céder leur propriété par tous les modes autorisés du droit civil.

D. RESPONSABILITÉ DES SOUSCRIPTEURS.

Il semble que le principe de droit commun d'après lequel celui qui a contracté un engagement répond, jusqu'à parfait accomplissement, de son exécution, ne puisse être l'objet d'aucune difficulté.

L'utilité de son application aux sociétés et aux actions a pourtant été contestée, et dès 1845, nous voyons inscrit dans la loi du 15 juillet, que les souscripteurs seront responsables jusqu'à concurrence des 5/10 du montant des actions qu'ils auront souscrites. Le rapporteur de la loi présente cette atténuation du droit commun, comme conforme à la jurisprudence du Conseil d'Etat, et introduite dans les statuts de toutes les compagnies organisées à cette époque.

Le motif qui l'avait fait adopter a été rappelé dans la discussion de la loi de 1867, et on l'a formulé en citant ces paroles de Bentham. « Dans un engagement aux lien moraux, ou une entreprise quelconque, défense absolue d'en sortir, c'est prohibition d'y entrer. » On a considéré qu'il pouvait se présenter telles circonstances ou un homme, après avoir formé le projet d'apporter à une société son loyal concours, se verrait dans la nécessité de donner à ses capitaux une destination différente de celle qu'il leur avait d'abord attribuée. On a voulu que l'actionnaire, dans cette situation, put sortir de la société, et reprendre en se retirant sa pleine indépendance, en cessant d'être indéfiniment soumis aux charges d'une entreprises, dont il ne lui appartient plus de recueillir les bénéfices.

Le législateur de 1856 crut devoir sortir de cette voie.

Sa préoccupation dominante était d'assurer aux sociétés des commanditaires sérieux, en écartant les actionnaires nomades. Devait-on reconnaitre à ceux-ci, lorsque des éventualités fâcheuses nécessiteraient un appel à la partie non encore versée du capital, la faculté de se retirer en laissant périr les gérants et ruinant les espérances des créanciers ? Contre ce danger, il ne vit pas de remède plus sûr que de revenir au droit commun, et de l'appliquer dans sa logique rigoureuse, en rendant les souscripteurs d'actions responsables nonobstant toute stipulation contraire, du montant intégral des actions par eux souscrites. La forme nominative donnée aux actions jusqu'à leur entière libération favorisait l'application de cette disposition.

N'y avait-il pas là une exigence trop rigoureuse ? Le Gouvernement le pensait en 1867 ; et dans le projet de loi présenté au Corps législatif, il proposait de laisser aux statuts constitutifs de la société la faculté de stipuler que les souscripteurs, qui auraient aliéné leurs actions, ne seraient responsables des sommes dues que jusqu'à concurrence de la moitié du montant de chaque action ; les cessionnaires supporteraient la responsabilité de l'autre moitié. L'action devait rester nominative jusqu'à sa libération. Cette combinaison paraissait présenter l'avantage d'attacher à la libération de l'action, jusqu'à parfait achèvement, la garantie d'une obligation personnelle, en même temps qu'elle permettait au souscripteur d'alléger le fardeau de sa responsabilité en s'en déchargeant pour moitié sur un cessionnaire.

Ce système fut critiqué par la Commission du Corps législatif, comme contraire à la fois au droit et aux intérêts des tiers : au droit, en ce que les principes ne permettaient pas de faire d'une cession de son titre, un moyen pour le souscripteur de se libérer envers le créancier ; aux intérêts des tiers, en ce qu'il pouvait être pour eux la source de fâcheuses déceptions. La forme nominative, conservée à l'action jusqu'à son entière libération, semble leur promettre que derrière le titre, ils trouveront jusqu'au bout une responsabilité personnelle, capable de garantir cette libération. Mais que vaut en réalité cette responsabilité au-delà de la moitié pour laquelle elle repose sur la tête du souscripteur primitif? Si les affaires sociales périclitent, si le capital déjà versé est perdu, s'il est à craindre que les versements futurs ne soient pareillement engloutis dans la ruine, le souscripteur se hâtera de rompre par la cession de son titre, les liens d'une association compromettante. Mais quel homme prudent consentirait, en de telles circonstances, à venir prendre sa place? S'il trouve un cessionnaire, ce ne saurait être que ce qu'on appelle un homme de paille, se jouant des responsabilités parce qu'elles n'ont plus sur lui aucune prise. Tel est l'homme dont le nom seul attaché à une action, est destiné à provoquer la confiance des tiers; car toute leur garantie consiste en ceci : qu'il leur sera possible à un moment donné de connaître le titulaire de l'action, et de le poursuivre en exécution de ses obligations. Et si le versement du quart avant toute constitution de la société est une garantie de la solvabilité future du souscripteur primitif, rien de pareil n'est exigé du cessionnaire. Est-ce donc au prix d'une pareille substitution qu'il peut être permis à un actionnaire de réduire à moitié l'effet de ses engagements ?

Si la Commission formulait ces critiques, ce n'était pas qu'elle entendît proscrire toute innovation et maintenir les souscripteurs sous le coup de la responsabilité pleine et entière. Au fond le résultat qu'elle poursuivait était presque identique à celui qu'amenait en réalité le système du gouvernement. Elle voulait seulement l'atteindre par des voies plus directes. Il lui semblait utile, une fois la société parvenue à un certain degré de développement et de prospérité, de l'abandonner à ses propres forces, et de tenir quittes de leur concours à venir ceux qui avaient soutenu ses premiers pas. Mais elle se refusait à leurrer les tiers par l'apparence de la responsabilité menteuse d'un cessionnaire. Le système inauguré par la loi de 1845, consacré par une expérience qui n'avait signalé dans son application aucun abus, lui paraissait, sauf quelques modifications, devoir être remis en vigueur, à condition d'éclairer formellement les tiers sur la réalité des choses, et de ne laisser subsister aucun doute sur la situation qui leur était faite. La commission aurait voulu que les souscripteurs étant en principe déclarés responsables du montant total des actions par eux souscrites, il put être dérogé à cette prescription par les statuts constitutifs, et jusqu'à concurrence de moitié de chaque action. Dans ce cas, le capital n'aurait pu être énoncé dans aucun acte, facture, annonce, publication et autres documents émanés de la société, sans addition de ces mots lisiblement écrits et en toutes lettres : Capital souscrit avec engagement des souscripteurs, limité à.... La forme des actions aurait traduit aux yeux des tiers l'état des choses. Elles seraient restées nominatives jusqu'à l'entier accomplissement de l'obligation contractée par le souscripteur primitif.

Cependant la loi de 1856 et la rigueur avec laquelle elle enchaînait les destinées des actionnaires à celles de la société, comptait encore des partisans, et dans la discussion au Corps législatif, si le projet du Gouvernement fut combattu comme favorisant la fraude, par la faculté laissée aux actionnaires de se substituer des hommes de paille, on ne reprochait pas moins vivement à la Commission de consacrer au profit des actionnaires le droit de déserter la société, quand il serait fait appel à la seconde moitié du capital. Une transaction fut nécessaire pour concilier ces partis opposés.

On voulait obtenir des souscripteurs un engagement sérieux. On se refusait à leur permettre de se soutraire en partie à son exécution, soit en vertu d'une disposition formelle de la loi, soit par le moyen d'une sorte de fraude ; d'autre part on trouvait empreint d'une exessive rigueur le maintien de leur responsabilité dans les termes du droit commun. Il fallait donc, sans supprimer complètement cette responsabilité, trouver un moyen de la restreindre. On prit le parti de limiter la période de temps pendant lequel elle aurait effet.

Jusqu'au versement de la moitié du capital, le droit commun reçoit son application ; l'action reste nominative. A partir de ce moment, l'assemblée générale, si les statuts ont stipulé cette faculté, est libre d'y apporter une modification.

Cette modification se manifeste par l'autorisation accordée aux souscripteurs de convertir leurs titres nominatifs en actions au porteur,

Mais la conversion, si elle efface de l'action le nom du souscripteur, ne supprime pas absolument sa responsabilité. Cette responsabilité survit à la forme qui en était jusqu'alors l'expression ; toutefois au lieu d'être maintenue indéfiniment comme sous l'empire de la loi de 1856, elle ne produit plus effet que pendant une période de deux années.

Il ne résulte de ce fait aucune fraude aux droits ni aux espérances des tiers. Les statuts ont dû prévoir cette éventualité, et toute la publicité désirable a été donnée aux statuts. Il ne s'agit pas d'ailleurs d'une disposition aveugle de la loi, applicable sans qu'il y ait à tenir compte des circonstances, de l'atteinte que peut en recevoir le crédit de la société, des périls qui en peuvent être la suite. C'est à l'assemblée générale des actionnaires, le juge le plus intéressé dans la question, offrant par suite les plus sûres garanties, qu'est remis le soin d'apprécier l'opportunité de la mesure, de décider si la prospérité de la société peut sans péril affronter cette épreuve. Et quand un accident imprévu viendrait tromper les plus sages prévisions, quand un nouvel appel de fonds deviendrait nécessaire, la circonstance que l'obligation personnelle des souscripteurs ne garantit plus le versement, doit-elle inspirer une crainte sérieuse pour la réalisation de ce versement ? L'action elle-même ne répond elle pas de sa libération, et les précautions ne sont-elles pas prises pour rendre efficace cette responsabilité ? L'action n'est-elle pas déjà libérée de moitié ? Ne le sera-t-elle pas souvent d'une fraction plus considérable ? Ces premiers versements sont la garantie de ceux qui restent encore à faire. L'action qui ne paiera pas, sera vendue à la bourse, exécutée. Or, quelle déplorable situation n'est-il pas nécessaire de supposer, pour que le capital déjà fourni ne réponde pas de l'appel minime qu'il pourra encore être nécessaire de faire ? Le crédit de la société reste donc parfaitement intact.

Il peut se faire que l'assemblée générale ait été favorable à la conversion des titres, et que des actionnaires, négligeant de profiter de la faculté qui leur était accordée, aient conservé à leurs actions la forme nominative. Cette circonstance fera-t-elle obstacle à ce qu'ils soient après deux ans affranchis de toutes poursuites? Nullement, car la limitation de la responsabilité à une période de deux années n'est pas une conséquence de la forme donnée à l'action. La responsabilité est limitée parce que la société est assez prospère pour se soutenir à l'avenir par ses propres forces, et que la constatation, faite par l'assemblée générale de cette situation, inspire toute confiance. La responsabilité subsiste malgré la forme au porteur. Elle peut disparaitre malgré la forme nominative.

L'art. 3 qui formule cette théorie est ainsi conçu :

« Il peut être stipulé, mais seulement par les statuts constitutifs de la société, que les actions ou coupons d'actions pourront après avoir été libérés de moitié, être convertis en actions au porteur par délibération de l'assemblée générale.

» Soit que les actions restent nominatives après cette délibération, soit qu'elles aient été converties en. actions au porteur, les souscripteurs primitifs qui ont aliéné les actions, et ceux auxquels ils les ont cédées avant le versement de moitié, restent tenus au paiement du montant de leurs actions, pendant un délai de deux ans à partir de la délibération de l'assemblée générale. »

On voit que la faveur accordée aux souscripteurs est subordonnée à cette circonstance : qu'ils auront cédé leurs actions. Le motif de cette exigence est facile à saisir. La loi s'est proposée de venir en aide à ceux que la convenance ou la nécessité obligent à sortir de la société. Mais quel prétexte pourraient alléguer ceux qui ont conservé leurs titres et qui continuent à se prévaloir de la qualité d'associé, pour être exemptés des charges qui en sont la conséquence ?

Après l'expiration des deux années qui suivent la délibération, la cession met fin à toute obligation personnelle ; à partir de ce jour, l'action répond seule du complément de son versement.

L'explication que nous venons de donner de l'article 3, est loin d'être universellement admise.

Dans l'opinion de plusieurs auteurs, la conversion au

porteur, a par elle-même, et sans le secours d'aucune prescription, l'effet de libérer les souscripteurs de toute responsabilité, soit en cas de cession, soit même, d'après M. Rivière, immédiatement, et indépendamment de toute cession.

Cette interprétation peut revendiquer en sa faveur certains fragments plus ou moins isolés de la discussion : aucun doute ne saurait toutefois exister sur la portée véritable des travaux préparatoires. Il a été constaté par le rapport de la Commission, il a été déclaré en termes exprès par le rapporteur, dans la séance du 12 juin 1867, que : « le sentiment de la Chambre, était de ne pas libérer d'une manière absolue, après le versement de la première moitié de l'action..... les souscripteurs primitifs. » — « L'assemblée générale interviendra..... elle dira en pleine connaissance de cause s'il est possible de libérer le souscripteur ou son cessionnaire. De le libérer purement et simplement ? Non, mais sous une condition... Quelle que soit la délibération de l'assemblée générale, soit qu'elle transforme les actions nominatives en actions au porteur, ou que ces actions demeurent nominatives, les souscripteurs et les cessionnaires demeureront responsables, à partir de la délibération de l'assemblée générale, pendant une durée de deux années encore. Il était dans les habitudes du Conseil d'Etat, quand il autorisait les sociétés anonymes, de permettre la libération des souscripteurs par le versement de moitié... Nous avons pensé qu'il était nécessaire de retenir cette faculté en la transportant du Conseil d'Etat, dont l'autorisation n'est plus nécessaire, à l'assemblée générale, et en lui donnant en outre ce correctif, cette garantie complémentaire de la prescription de deux ans, après laquelle seulement le souscripteur peut être libéré. »

Quel est donc le cas en vue duquel les auteurs que nous combattons réservent « ce correctif de la prescription de deux ans ? » Celui où les souscripteurs primitifs ont aliéné leurs actions avant le versement de moitié ; ils sont alors libérés quand même les actions resteraient nominatives par suite du refus de l'assemblée générale de les convertir au porteur. C'est ainsi que MM. Rivière et Bedarride entendent le deuxième paragraphe de l'art. 2 : « soit que les actions restent nominatives après cette délibération, soit qu'elles aient été converties en actions au porteur, etc. »

Il est au moins singulier de libérer le souscripteur qui cède ses actions avant le versement de moitié, par cela seul que les statuts autorisent la conversion, sans tenir aucun compte du refus de l'assemblée générale d'user en ce point de la faculté que lui confèrent les statuts. En outre, pourquoi dans cette hypothèse, faire au souscripteur une situation différente suivant que la cession de ses actions est antérieure ou postérieure au versement de moitié ? Est-ce donc qu'en donnant à la société un gage plus considérable il s'est rendu moins digne des faveurs de la loi ? M. Bedarride s'étonne avec raison de ce défaut de logique. Il aurait dû suffire à l'éclairer sur la valeur du système qu'il soutient pourtant.

M. Rivière, sans se préoccuper du texte, étend le bénéfice de la prescription de deux ans aux souscripteurs qui ont cédé leurs actions postérieurement à la délibération de l'assemblée générale, quand même l'assemblée se serait prononcée contre la conversion des titres.

Il suffit de se reporter aux quelques extraits cités plus haut, des explications fournies dans la séance du 12 juin, pour être convaincu que dans la pensée du législateur, l'autorisation de l'assemblée générale est la condition sine qua non de la libération des souscripteurs par le versement de moitié et la prescription de deux ans. En supprimer la nécessité, c'est bouleverser l'économie de la loi et détruire ses combinaisons pour contrebalancer les inconvénients de la mesure qu'elle autorise. « Il n'est pas possible de croire, dit encore le rapporteur, que l'assemblée générale des actionnaires par une sorte de suicide, par un acte de véritable démence, si la société n'est pas excellente, si elle a besoin dans un avenir prochain de faire un appel aux ressources des souscripteurs, à leur garantie personnelle, les libère en autorisant la transformation des actions nominatives en actions au porteur ; il y a là une première garantie. »

Ne tenant aucun compte des délibérations de l'assemblée générale, M. Rivière est amené logiquement à ne pas établir de distinction entre l'hypothèse où les statuts prévoient la conversion des titres, et celle où ils sont muets à cet égard, et à faire profiter dans tous les cas les souscripteurs de la prescription de deux ans. Mais ici nous nous trouvons complètement en dehors du texte. Quel sera le point de départ de la prescription ? La loi ne fournit à cet égard aucune indication. Les expédients proposés par M. Rivière sont purement arbitraires. L'erreur de ce système est manifeste.

E. RESPONSABILITÉ DES CESSIONNAIRES.

Après avoir tranché la question de responsabilité à l'égard des souscripteurs, l'art. 3 s'en occupe à l'égard de leurs cessionnaires.

La règle en ce qui les concerne peut se traduire ainsi : les cessionnaires d'un titre nominatif sont responsables comme les souscripteurs ; les cessionnaires d'un titre au porteur sont déchargés de toute obligation personnelle.

En effet, aux termes de l'art. 3, à partir de la délibération de l'assemblée générale, délibération favorable par hypothèse à la conversion des titres et à la libération des actionnaires, les souscripteurs primitifs qui ont aliéné les actions, et ceux auxquels ils les ont cédées avant le versement de moitié, restent tenus au paiement du montant de leurs actions pendant un délai de deux ans.

Donc ceux auxquels la cession n'a été faite qu'après le versement de moitié sont déchargés de toute responsabilité.

Le titre cédé aux premiers est nécessairement nominatif. Les seconds reçoivent une action au porteur, ou qui légalement pourrait être au porteur. Car ici encore, peu importe qu'il ait été ou non tiré parti de la faculté concédée ; il suffit qu'elle ait été accordée.

A fortiori, lorsque les actions doivent rester nominatives jusqu'au terme de la société, les cessionnaires sont-ils obligés à en acquitter le montant. Et dans cette hypothèse, la durée de leur responsabilité ne comporte aucune restriction.

On comprend quelle influence a la forme de l'action dans la question qui nous occupe. Si l'action est au porteur, le cessionnaire demeure inconnu ; la cession n'établit aucun lien entre lui et la société ; la responsabilité inhérente au titre lui-même est la seule qui puisse subsister. Au contraire le transfert d'une action nominative ne peut avoir lieu sans que les registres de la société en gardent trace, et l'on sait à qui s'adresser pour réclamer l'exécution des engagements contractés.

L'article 3 tranche en partie, une question jusque là débattue entre les auteurs.

Quand il existe plusieurs cessionnaires de la même action, l'obligation personnelle subsiste-t-elle à la charge de chacun des détenteurs successifs ou du dernier seulement ?

Il est clair que la question ne se posera même plus, si l'action est au porteur. Le premier cessionnaire cesse de répondre des versements ; a fortiori ceux qui ont reçu l'action de ses mains.

Mais elle subsiste tout entière, pour le cas où l'action est nominative.

Dans cette hypothèse, la solution préférable nous paraît être celle qui permet de poursuivre le recouvrement de l'action contre chacun des possesseurs intermédiaires.

La forme nominative du titre n'a pas d'autre but que d'assurer à toute époque à la société, la garantie de la responsabilité du détenteur ; d'autre part l'opération de la cession, est de sa nature impuissante à décharger le cédant des obligations auxquelles il s'est soumis en acceptant la qualité d'actionnaire.

Cette solution est en harmonie parfaite avec la pensée du législateur ; l'exposé des motifs de l'art. 2 renferme en effet ce passage : « On a fait remarquer avec raison qu'une action négociée offre plus de sécurité que celle qui ne l'est pas, puisque pour la seconde, il n'y a d'obligé aux versements antérieurs que le souscripteur primitif, tandis que pour la première, il y a le souscripteur primitif et le cessionnaire. » Si la cession ne libère pas le souscripteur primitif, pourquoi produirait-elle cet effet à l'égard d'un cessionnaire ?

F. DISPOSITIONS PÉNALES.

La société constituée contrairement aux prescriptions des art. 2 et 3, est nulle. (art. 7.)

Nous ne reviendrons pas sur les explications données plus haut au sujet de la nullité prononcée par cet article.

L'observation des règles concernant les actions, est assurée en outre, par des dispositions répressives.

Avant d'examiner quelles peines sont portées et dans quels cas elles s'appliquent, recherchons le but que le législateur s'est proposé. Nous verrons ensuite s'il l'a atteint.

Son intention bien certaine était de punir toute émission ou négociation d'actions intervenant avant que la société ne fut définitivement constituée.

Cette intention se manifeste clairement dans les déclarations à l'aide desquelles le rapporteur fit rejeter l'amendement de M. Millet, proposant d'énoncer explicitement dans l'art. 2 que « la négociation des actions ou coupons d'actions était interdite avant la constitution définitive de la société. »

« L'art. 1 exige pour que la société soit constituée, la souscription du capital entier et le versement du quart, le tout constaté par acte notarié. Viennent ensuite des dispositions pénales, aux termes desquelles l'émission et la négociation des actions sont interdites sous une peine de 500 à 10,000 fr. là où les actions ne sont pas en harmonie complète avec les art. 1, 2 et 3 de la loi. Faut-il ajouter que la société devra être définitivement constituée ? »

Que suppose ce raisonnement, sinon, que la loi punit l'émission et la négociation d'actions avant la constitution définitive ?

Et plus loin : « Dans la réalité des choses, ce n'est que quand la société aura été définitivement constituée que la négociation des actions pourra être faite, sous peine de tomber sous l'application des lois pénales. »

En fait, ce résultat, si nettement annoncé, a-t-il été obtenu ?

Les articles 13 et 14 contiennent les dispositions suivantes :

Art. 13. L'émission d'actions ou de coupons d'actions d'une société constituée contrairement aux prescriptions des art. 1, 2 et 3 de la présente loi, sera punie d'une amende de 500 à 10,000 fr.

Art. 14. La négociation d'actions ou de coupons d'actions dont la valeur ou la forme serait contraire aux dispositions des art. 1, 2 et 3 de la présente loi, ou pour lesquels le versement du quart n'aurait pas été effectué conformément à l'art. 2, est punie d'une amende de 500 à 10,000 fr. Sont punies de la même peine toute participation à ces négociations, et toute publication de la valeur des dites actions.

L'art. 14 est moins étendu dans ses termes que l'art. 13. Il a principalement en vue les actionnaires. Les contraventions qu'il réprime, relatives au taux de l'action, à sa forme, et à la libération du quart, sont celles qui n'ont pu leur échapper, et à l'égard desquelles la vérification leur est facile. Celles qui concernent la souscription de la totalité du capital et la déclaration notariée du gérant, engagent plus directement la responsabilité du gérant ou des fondateurs. Rattachées au fait d'émission, elles sont punies en leur personne.

On voit de suite que ni l'art. 13 ni l'art. 14 ne renvoient à l'art. 4. Faut-il en conclure que les actions pourront être impunément émises et négociées, dans tel cas où les formalités exigées par cet article n'auraient pas encore reçu leur exécution, où par conséquent la société ne se trouverait pas encore définitivement constituée?

Il est certain que cela est contraire aux prévisions du législateur. Les citations que nous avons faites montrent qu'en réprimant les contraventions aux art. 1, 2 et 3, il a eu l'intention de frapper toute émission et négociation qui précéderait la constitution définitive. L'art. 1 prévoit le quod plerumque fit : la disposition qui le sanctionne, dans la pensée du législateur, est générale ; et s'il est des cas, tels que celui de l'art. 4, où la constitution définitive se trouve subordonnée à des conditions exceptionnelles, au point de vue de la pénalité, ils se trouvent enfermés dans le cercle d'application de la règle générale.

Malheureusement, il se produit ici ce que prévoyait M. Millet, quand à propos de son amendement, il sollicitait la Chambre de ne rien laisser au hasard de l'interprétation, mais de formuler explicitement sa pensée tout entière. C'est qu'une peine ne peut être appliquée par induction ni interprétation. « Vous voulez punir la négociation prématurée des actions, disait M. Millet ; il faut alors que la peine repose sur une disposition précise, pour un fait bien déterminé..... J'ai dit que la loi pénale devait s'expliquer en termes précis. » Ces observations sont des plus justes, et il est difficile de comprendre les motifs qui ont déterminé le rapporteur à y résister, pour faire triompher la rédaction elliptique et insuffisante on le voit, de la Commission.

La loi ne frappe pas seulement les agents principaux des négociations frauduleuses. En punissant la participation aux négociations et la publication de la valeur des actions, elle se propose d'atteindre tous ceux qui, à un titre quelconque, ont servi d'intermédiaire ; l'application de l'art. 463 prévue par l'art. 16, permettra de modérer la pénalité en tenant compte des circonstances et de la bonne foi de chacun.

Sous le titre de participation à la négociation, la loi entend réprimer également la participation à l'émission. La discussion de l'article, et le rejet comme inutile, d'un amendement ayant pour objet de spécifier ce point, ne laissent aucun doute à cet égard.

PRÉLIMINAIRE DES OPÉRATIONS SOCIALES.

PREMIER CONSEIL DE SURVEILLANCE.

A. NOMINATION.

La société constituée conformément aux règles que nous avons exposées, ne peut cependant entrer immédiatement en action. Une dernière condition doit être remplie, qui forme le préliminaire obligé de toute opération sociale : c'est la nomination d'un conseil de surveillance. (art. 5.)

Ce conseil est nommé par l'assemblée générale des actionnaires, convoquée à cet effet par le gérant.

Les délibérations seront prises à la majorité des membres présents ; aucune disposition de la loi n'autorise à exiger pour leur validité des conditions spéciales, analogues à celle que stipule l'art. 4.

La nomination du premier conseil de surveillance est prescrite à peine de nullité de la société. (art. 7.)

Une amende de 500 à 10,000 fr. peut en outre être prononcée contre le gérant qui commence les opérations sociales avant l'entrée en fonctions du conseil. (art. 13.)

B. COMPOSITION.

Le conseil se compose de trois actionnaires au moins.

La qualité d'actionnaire est exigée par la loi. Il a paru raisonnable de ne confier les intérêts de la société qu'à des hommes portés par leur situation à les considérer comme leurs intérêts propres, et d'écarter des conseils ceux auxquels on ne demandait que leur nom, destiné à provoquer la confiance publique, sans qu'ils eussent la volonté ou même la capacité de justifier cette confiance, en s'acquittant effectivement des obligations attachées au titre dont ils étaient revêtus.

Les statuts de la société peuvent exiger des garanties plus considérables, et stipuler par exemple, que nul ne pourra être membre du conseil de surveillance, s'il n'est propriétaire d'un nombre déterminé d'actions.

En 1856 et 1867 la proposition d'introduire dans la loi une disposition de ce genre a été faite et rejetée. Des auteurs en ont conclu que la clause dont nous parlons était frappée d'exclusion. Le droit des actionnaires à faire partie du conseil de surveillance résulte de leur seule qualité. Exiger d'autres conditions quand la loi s'y est refusée c'est déroger à sa volonté clairement manifestée.

Nous ne pensons pas que cette interprétation doive être admise. Le législateur n'a pas voulu entrer dans le détail d'une réglementation trop minutieuse, ni imposer à la société des garanties que les circonstances peuvent rendre inutiles. Mais il ne s'ensuit pas qu'il ait enchaîné la liberté des statuts, et prohibé la stipulation de ces garanties lorsque elles seront jugées nécessaires.

La qualité d'actionnaire n'est pas seulement exigée à l'époque de la nomination ; elle doit persister pendant toute la durée du mandat. Le membre qui vient à la perdre, cesse ipso facto de faire partie du conseil, et doit-être remplacé.

Le nombre minimun des membres, fixé à cinq par la loi de 1856, a été abaissé à trois, pour rendre plus facile la composition des conseils. Il est évident que la prudence exige de ne pas s'en tenir strictement au minimum, mais de le dépasser, pour parer aux inconvénients résultant de décès ou d'empêchements qui mettraient le conseil dans l'impossibilité de fonctionner, et placeraient la société sous le coup d'une demande en dissolution.

Le conseil de surveillance devant se composer au moins de trois membres, est-ce à dire qu'une société en commandite par actions ne pourra exister qu'à la condition de réunir au moins quatre associés, un gérant et trois commanditaires ; ces deux éléments étant indispensables pour constituer une commandite ?

L'hypothèse d'une société par actions comprenant moins de quatre personnes, est sans doute exceptionnelle. Elle s'est pourtant présentée, et nous ne croyons pas que cette situation soit illégale. L'art. 38 du code de commerce autorise sans distinction les sociétés en commandite à diviser leur capital en actions. Quelques dispositions de la loi qui réglemente l'exercice de cette faculté, ne pourront être observées ; mais qu'importe, si l'on n'est pas dans l'hypothèse à laquelle elles se rapportent ? Il est clair que le conseil de surveillance devient un rouage inutile, si le nombre des commanditaires est de deux ou trois seulement. Ils ont alors les moyens et le devoir de se protéger eux-mêmes.

C. DURÉE DU MANDAT.

Le premier conseil est nommé pour une année seulement.

La loi se défie dans une certaine mesure, des choix faits par les actionnaires appelés à exercer pour la première fois leur droit de nomination. La confiance à cette époque est encore entière, et forcément aveugle ; les actionnaires ne se connaissent pas, et ne se sont pas vus à l'œuvre. La révision dans un bref délai, des opérations du premier scrutin, permet de parer, sans difficulté ni secousse, aux périls qui seraient la conséquence de l'engouement de la première heure.

Il appartient aux statuts de régler, en ce qui concerne les conseils subséquents, les époques et les conditions de leur renouvellement. La loi de 1856 faisait de la réélection quinquennale une obligation. On a brisé les entraves qu'elle apportait sur ce point à la liberté des conventions.

Il résulte des termes de l'art. 5, que les membres sortants du conseil peuvent être réélus. Le principe de la réélection est réservé par la loi ; elle abandonne seulement à la liberté des conventions, le soin d'en régler l'application, sans permettre d'y déroger. L'ordre public est intéressé à ce que rien n'entrave le recrutement des conseils de surveillance, et n'oblige les actionnaires à se priver, peut-être hors de propos, d'un concours réclamé impérieusement par les intérêts de la société.

Un membre du conseil de surveillance peut-il être révoqué avant l'expiration régulière de son mandat? Nous ne le croyons pas ; les membres du conseil sont investis de fonctions pour l'exercice desquels une certaine indépendance est nécessaire. Cette indépendance disparaîtrait si leur situation devait dépendre des fluctuations d'une assemblée. Ils répondent de leurs actes, et les statuts ont eu pleine liberté pour régler les conditions de leur nomination. Ces garanties suffisent, et il est inutile de les exagérer.

D. DEVOIRS DU PREMIER CONSEIL DE SURVEILLANCE.

Une mission toute spéciale incombe au premier conseil de surveillance. Au moment où la société va donner cours à son activité, il doit s'assurer qu'elle est née viable, et ne pas la laisser entrer dans la carrière pour succomber bientôt, au grand dommage des associés, des tiers et du crédit public. Immédiatement après sa nomination, il doit vérifier si les dispositions relatives à des formalités substantielles et prescrites à peine de nullité, ont été observées. (art. 6.)

Ce travail, pour répondre au vœu de la loi, ne doit pas être stérile, mais accompagné de toutes les mesures propres à prévenir la nullité. Le conseil doit pourvoir aux omissions et irrégularités qu'il constate, lorsqu'il le peut faire sans le concours d'autrui. Si elles échappent à sa compétence, il doit en provoquer la réparation auprès du gérant ou de l'assemblée générale. C'est au cas seulement où le vice qu'il découvre échappe à tout palliatif, que son devoir se borne nécessairement à signaler l'état des choses et l'impossibilité de donner suite aux opérations projetées.

E. SANCTION.

Si quelque irrégularité capable de mettre en péril l'existence de la société subsiste malgré la révision, les membres du conseil peuvent à juste titre être accusés de négligence. L'art. 8 les déclare dans ce cas responsables avec le gérant du dommage résultant pour la société ou pour les tiers de l'annulation de la société.

Le principe de cette responsabilité a été emprunté à la loi de 1856, mais plusieurs modifications importantes ont été apportées en 1867 à sa règlementation.

Les membres du premier conseil en portent seuls aujourd'hui le poids. La loi l'imposait autrefois en termes généraux aux membres du conseil de surveillance. La restriction de l'obligation et de ses conséquences à un nombre de personnes exactement déterminé, est la garantie d'une exécution plus sérieuse. Les différents conseils qui se succèderont, sont autorisés à se confier aux certificats de ceux qui les ont précédés, et donneront tous leurs soins au présent, sans se préoccuper de réviser indéfiniment le travail de leurs devanciers.

L'objet de la responsabilité est précisé : C'est le dommage résultant pour la société ou pour les tiers de l'annulation de la société. Auparavant, les membres du conseil répondaient en général de toutes les opérations faites postérieurement à leur nomination. La responsabilité était indéfinie et courait le risque d'être illusoire.

A un certain point de vue le régime nouveau aggrave la situation du conseil. Obligé de réparer toutes les suites de la nullité, il peut être entraîné à répondre d'opérations antérieures à sa nomination.

Une disposition législative spéciale était nécessaire pour établir la responsabilité du conseil à l'égard des tiers. En effet, le conseil de surveillance n'a reçu des tiers aucun mandat pour vérifier les conditions d'existence de la société. On peut se demander où sera le dommage résultant pour les tiers de la nullité de la société, cette nullité ne leur étant pas opposable ?

Il est clair qu'il ne peut être question pour eux de préjudice, que si la société est au dessous de ses affaires. Mais dans cette hypothèse la nullité n'est pour rien dans les pertes qu'ils éprouvent. Elles résultent directement des opérations sociales.

La seule faute commise à leur égard par le conseil de surveillance, est d'avoir rendu possibles, en laissant la société se constituer, les opérations qui ont abouti à la faillite ou à la déconfiture.

La nullité cependant influerait dans une mesure appréciable sur le préjudice causé aux créanciers sociaux, dans le cas où elle leur serait opposée par des créanciers personnels des associés. Le patrimoine social, suffisant pour les désintéresser lorsqu'ils étaient seuls, pourrait cesser de l'être, par l'effet du concours qu'ils seraient obligés de subir dans cette hypothèse.

Le gérant est associé à la responsabilité du conseil. C'est lui qui est directement chargé de constituer la société. Il est inexcusable s'il contrevient en cette matière aux prescriptions du législateur.

Mais tandis que toute omission de sa part implique une pensée de fraude, le conseil ne sera souvent coupable que de négligence. Pourtant la loi de 1856 semblait envelopper dans une réprobation commune le conseil de surveillance et le gérant. Enonçant en termes formels qu'ils pourraient être déclarés responsables solidairement et par corps, elle avait ouvert la porte à des interprétations dont la rigueur excessive tendait à introduire dans les condamnations prononcées contre les conseils une sévérité qui dépassait le but. La loi de 1867 omet de s'expliquer sur la solidarité ; elle permet ainsi d'établir deux poids et deux mesures, dans l'appréciation de fautes de nature si différente. La solidarité, sans doute, pourra toujours être prononcée ; mais par application des principes de droit commun, et non plus en vertu d'une disposition spéciale. Il ne sera plus permis de la considérer comme une pénalité particulière ayant pour objet d'aggraver dans tous les cas la responsabilité du conseil de surveillance.

De la même manière, l'art. 8 ne déclare pas formellement les membres du conseil responsables solidairement entre eux des conséquences de leur négligence. Cette solidarité pourtant résultera la plupart du temps de la nature des choses. La présomption de faute pèse en effet tout entière sur la tête de chacun d'eux, à moins de précautions spéciales pour mettre leur personnalité à l'abri de ses atteintes.

En dehors du gérant et des membres du conseil, l'annulation de la société, aux termes de l'art. 7, engage la responsabilité d'une classe de personnes, appelées à surveiller elles aussi, à un point de vue spécial, la constitution de la société. Ce sont les associés qui font un apport, ou réclament des avantages particuliers. Cette circonstance les place au rang des promoteurs de l'entreprise. C'est pour eux un devoir d'exiger les vérifications et approbations prescrites par la loi, et de veiller à la convocation des assemblées générales qui doivent être réunies à cet effet.

Bien entendu, leur responsabilité est limitée à l'accomplissement des formalités qui ont trait à leur situation personnelle. Ils sont dépourvus de caractère et de mission, pour intervenir dans les autres opérations confiées à la diligence du gérant, et en surveiller l'exécution.

L'art. 8, présente comme devant fournir matière à la responsabilité du conseil de surveillance, l'annulation de la société pour contravention aux articles 1, 2, 3, 4 et 5; c'est-à-dire aux dispositions concernant le taux des actions; la souscription de la totalité du capital et le versement du quart; la déclaration notariée du gérant et la liste des pièces qui doivent y être annexées; la rédaction en double original de l'acte de société lorsqu'il est sous seing privé ; la négociation des actions et la responsabilité des souscripteurs ; la vérification et l'approbation des apports et avantages particuliers ; enfin la nomination du conseil de surveillance. On peut remarquer que les prévisions de la loi n'embrassent pas le cas où la société est annulée pour défaut de publication.

Est-ce à dire que le conseil de surveillance échappe, dans cette hypothèse, à la responsabilité ?

Il n'existe logiquement aucun motif de faire une différence entre cette cause de nullité et les autres. Pourquoi le conseil de surveillance serait-il dispensé de la prévenir ? L'omission de cette formalité, plus que tout autre n'est-elle pas de celles qu'il est en son pouvoir de réparer ? Tout au moins est-il inexcusable s'il ne stimule à cet égard, l'activité du gérant.

Il serait donc permis de penser que si l'art. 8 est conçu en termes restrictifs, il n'y a là qu'un simple accident de rédaction, tenant à la place reculée que les dispositions relatives à la publication, occupent dans l'ensemble de la loi. Dans tous les cas, les principes que nous exposerons plus loin sur la responsabilité de droit commun des conseils de surveillance, suffisent pour assurer à la faute commise, une sanction peu différente de celle qui aurait pu résulter d'un texte s'expliquant expressément sur ce point.

DU GÉRANT.

A. NOTIONS GÉNÉRALES.

M. Langlais, rapporteur de la loi du 17 juillet 1856, résume en ces termes le rôle du gérant dans la société en commandite. « Il est la personnification de la société. C'est en son nom que se fait tout le négoce, et c'est lui seul aussi qui est responsable. Cachés sous le voile de l'anonyme, les simples commanditaires forment une association de capitaux ; le gérant donne le mouvement à ces fonds ; il les fait fructifier par son intelligence, par son activité ; et sa responsabilité vient fortifier la confiance qui repose déjà sur la richesse de la société. »

Les mêmes règles s'appliquent à la situation du gérant dans la commandite simple et la commandite par actions.

Il peut y avoir plusieurs gérants : dans ce cas, dit l'art. 24 du code de commerce, la société à leur égard, est société en nom collectif.

Le gérant est un associé et ne peut être qu'un associé. C'est ce que l'art. 23 exprime en termes formels. Les gérants ne pourraient être pris en dehors de la société, quand même ils consentiraient à répondre indéfiniment et solidairement de leurs engagements. Dans ce cas en effet, ils ne pourraient avoir d'autre qualité que celle de préposés des commanditaires. La société composée uniquement de commanditaires, manquerait d'un des éléments essentiels à sa constitution. En outre, elle ne pourrait avoir de raison sociale, puisqu'il résulte de la combinaison des art. 23 et 25 que la raison sociale ne peut comprendre le nom d'une personne étrangère à la société, ni celui d'un commanditaire.

Est-il permis au gérant de se rendre souscripteur d'un nombre quelconque des actions de la société qu'il administre ?

On l'a contesté sous prétexte de fraude à l'égard des créanciers. Le gérant, a-t-on dit, s'il participe à la formation du capital social, induit les tiers en erreur. Il leur présente comme une garantie nouvelle une valeur qui leur appartenait déjà, puisqu'il est responsable à leur égard indéfiniment et sur tous ses biens. Par l'usage qu'il fait de son patrimoine pour souscrire des actions, il trompe les espérances des tiers, en diminuant la valeur du gage qui leur est offert.

Ce raisonnement a été facilement réfuté. La responsabilité du gérant, pas plus que celle de tout autre débiteur à l'égard de ses créanciers, n'a pour effet d'immobiliser ses capitaux entre ses mains. Il reste maître de sa fortune, et capable d'en disposer. Peu importe dès lors aux tiers à quel usage il la consacre. Ils n'ont pas à s'inquiéter des sources auxquelles est puisé le capital social.

Cette solution répond aux nécessités de la pratique. Le gérant qui engage directement sa fortune dans les affaires de la société, présente aux tiers et aux associés des garanties toutes particulières de bonne administration. Aussi voit-on fréquemment les statuts exiger qu'un certain nombre d'actions ait été souscrit par le gérant.

Les lois de 1856 et 1867, en mettant à la disposition des

tiers la liste des souscripteurs, leur ont permis de se rendre de la situation le compte le plus exact, et leur ont enlevé tout prétexte de plainte.

De la nécessité pour le gérant d'être associé, résulte qu'il ne saurait lui être permis de céder toutes ses actions. Une telle opération serait de sa part une véritable retraite. Quant au chiffre jusqu'à concurrence duquel des cessions peuvent avoir lieu, il est déterminé par les statuts et les règles qu'ils ont pu tracer, relativement au nombre d'actions dont le gérant doit être propriétaire.

B. NOMINATION ET RÉVOCATION.

Le gérant est désigné le plus souvent par l'acte de constitution de la société.

Il peut aussi être nommé postérieurement à la rédaction des statuts, par l'assemblée générale des actionnaires.

Ceci se présente au cas où les statuts ont réservé cette nomination, ou encore en cas de révocation, de mort, ou de retraite du gérant.

La réalisation de cette dernière hypothèse suppose préalablement résolue la question suivante.

La révocation du gérant, sa mort, sa retraite, ou plus généralement tout empêchement personnel qui lui retire la possibilité d'administrer, n'a-t-il pas nécessairement pour conséquence la dissolution de la société?

En fait, le doute n'est pas un seul instant possible. Tous les jours on voit dans une société un gérant remplacé par un autre, sans que l'existence de cette société et la marche de ses affaires en reçoive la plus légère atteinte. La jurisprudence, en de nombreuses occasions, a proclamé que cette substitution de personnes était régulière, et la loi du 25 juillet 1867, en consacre implicitement la légalité dans son art. 61, qui soumet aux formalités de publication prescrites par les art. 55 et 56, les actes et délibérations ayant pour objet tout changement ou retraite d'associés et tout changement à la raison sociale.

Il semble pourtant que le raisonnement commande la solution contraire. Un contrat se forme dans lequel deux éléments sont essentiels : le gérant d'un côté, les commanditaires de l'autre. L'un de ces deux éléments vient à disparaître ; comment le contrat subsisterait-il ? Entre les commanditaires et un nouveau gérant, il ne peut se former qu'un contrat nouveau. Il s'est passé autre chose qu'une simple substitution d'une personne à une autre. Les conditions d'existence de la société, ont été profondément modifiées ; ce changement se traduit par la modification de la raison sociale. Une solvabilité toute nouvelle constitue la garantie désormais offerte aux tiers. La conséquence rigoureuse n'est-elle pas que l'ancienne société n'existe plus, sauf à ce qu'une société nouvelle renaisse immédiatement des débris de l'ancienne, sous la tutelle du nouveau gérant.

Tels seraient croyons-nous, les principes rigoureusement exacts. La pratique s'en est écartée, et il faut reconnaître qu'il y avait pour elle à le faire non seulement d'incontestables avantages, mais une véritable nécessité. Avec le développement donné aux sociétés en commandite, par la division du capital en actions, les chances de dissolution se multipliaient. La durée des opérations se prolonge ; le contrôle des commanditaires, organisé en permanence par l'institution des conseils de surveillance, et l'intervention des assemblées générales, multiplient les points de contact entre les gérants et les actionnaires, exigent par suite entre eux dans une mesure plus étroite, la bonne harmonie, l'entente, la communion d'idées, et font du droit de révocation entre les mains des actionnaires, le moyen le plus efficace de parer aux déchirements intérieurs, en même temps que le contrepoids nécessaire de la puissance du gérant, aux mains duquel sont remis des intérêts considérables. Pareillement les conséquences de la dissolution croissent en gravité, et ses résultats deviennent plus désastreux. Les affaires plus importantes qui font l'objet de la société ne sauraient être entreprises avec la perspective d'une dissolution à tout instant possible ; leur réalisation serait incompatible avec les interruptions, les incertitudes, les lenteurs, qu'entraînerait la nécessité de reconstituer en pareil évènement une société nouvelle. On a donc été forcément amené à rendre la société indépendante de la personne du gérant, et à décider qu'elle pourrait survivre à l'exercice de ses pouvoirs.

Mais comment justifier en droit cette atteinte portée aux principes ? Elle résulte logiquement de la prédominence, dans la société par actions, du caractère de société de capitaux. Devant le nombre des actionnaires et l'importance des sommes versées, la situation du gérant s'amoindrit, sa responsabilité personnelle perd de son importance ; ce sont les actionnaires qui constituent l'élément fondamental et essentiel de la société ; l'équilibre est rompu à leur profit : le gérant cesse d'être à leur égard sur un pied d'égalité , de supériorité même ; mais un caractère, qui ne s'apercevait chez lui qu'au second plan, se développe au premier, grandit, et finit par effacer et masquer tous les autres :

celui de mandataire des actionnaires. Comme le déclare la Cour de cassation dans un arrêt du 9 mai 1860, le gérant de la société en commandite par actions n'est qu'un mandataire, dont la révocation quand elle a lieu, ne porte aucune atteinte à l'existence de la société, et n'entraîne pas sa mise en liquidation.

Si la cessation des pouvoirs du gérant n'est plus nécessairement une cause de dissolution, du moins demeure-t-il vrai qu'en plusieurs circonstances elle pourra être l'occasion de la dissolution.

Prenons le cas où le gérant est désigné par les statuts. Il se retire pour quelque cause que ce soit ; un successeur peut lui être donné ; mais à quelles conditions ? Il faut que les actionnaires soient unanimes à le choisir. En effet chacun d'eux ne s'est engagé que dans les termes des statuts. Sont-ils modifiés, ils ne peuvent être contraints à subir la situation nouvelle. La considération de la personne du gérant pouvait avoir déterminé leur adhésion à la société. Les liens qui les y rattachaient se brisent avec la disparition de cette personnalité, et la majorité, — réserve faite du cas où les statuts lui auraient conféré ce droit, — est sans pouvoir pour obliger la minorité à laisser aux mains d'un gérant qui n'aurait pas sa confiance, ses capitaux et le soin de ses intérêts. Donc à défaut d'unanimité dans le choix du gérant, la force des choses amène la dissolution de la société. Chaque associé serait fondé à la demander.

La même éventualité ne se présenterait pas si le gérant devait être nommé postérieurement à la rédaction des statuts, par un vote de l'assemblée générale. Dans ce cas, le droit reconnu à la majorité de lui conférer ses pouvoirs, implique logiquement celui de le remplacer, lorsque ses pouvoirs sont expirés.

Nous avons supposé jusqu'à présent les actionnaires en possession du droit de révoquer le gérant. Il convient d'examiner quel est le fondement de l'existence de ce droit.

Il y a là d'abord une question de bon sens. Il n'est pas admissible que les actionnaires soient livrés sans défense à la merci du gérant, et que si incapable, si infidèle, si compromettante que soit son administration, ils se trouvent obligés de la respecter et de la subir.

La situation juridique se prête d'ailleurs à ce que la nécessité pratique reçoive en ce point satisfaction. Les fonctions du gérant, soit que lui-même en ait stipulé l'exercice, soit que les actionnaires le lui aient conféré spontanément, constituent un véritable mandat. Le gérant agit sous la surveillance des actionnaires ; il est responsable à leur égard ; il leur doit des comptes. Quelle serait la sanction de l'accomplissement régulier de ce mandat, sinon la faculté pour les mandants de le révoquer ?

Cette faculté enfin, a été formellement reconnue par l'art. 1856 du code civil. S'il n'a pas été fait spécialement pour la matière qui nous occupe, du moins il est général, et il n'y a été dérogé par aucune disposition particulière. Il doit par conséquent être appliqué.

Cet article consacre une distinction importante.

Le gérant a-t-il été nommé par l'acte de société, il ne peut être révoqué que pour cause légitime, par exemple pour infidélité, pour malversation, pour faits caractérisés de mauvaise administration. Une des conditions de son entrée dans la société a été qu'il serait investi des fonctions de gérant. Il exerce ces fonctions en vertu d'un contrat, et ne les tient pas de la pure volonté des associés. Il faut donc chercher en dehors de cette volonté pure les causes pour lesquelles elles lui peuvent être enlevées.

Mais si la nomination a eu lieu par un acte postérieur, le pouvoir du gérant n'a d'autre cause d'existence que la volonté des associés, et s'évanouit avec elle. Dans ce cas, le gérant est révocable comme un simple mandataire, même en l'absence de causes légitimes, pour un simple désaccord survenu entre lui et les actionnaires.

Dans le cas même où le gérant est désigné par les statuts, rien ne s'opposerait à ce qu'une stipulation de l'acte de société, ne réservât le droit pour les actionnaires de le révoquer à leur volonté. Les statuts pourraient encore après coup être modifiés en ce sens. Une des premières conditions serait en pareil cas l'assentiment du gérant statutaire.

L'étendue du pouvoir des actionnaires en matière de révocation du gérant, a été consacrée par la Cour de cassation, (arrêt du 5 mai 1859,) dans une espèce où les statuts de la société, conférant à l'assemblée générale le pouvoir de révoquer, attribuaient d'autre part aux Tribunaux la connaissance des contestations qui pourraient survenir entre le gérant et la société. La Cour a décidé que les résistances opposées par le gérant au retrait de ses pouvoirs, ne rentraient pas dans la classe des contestations susceptibles de motiver l'intervention des Tribunaux. L'assemblée des actionnaires est donc en pareil cas seule compétente et souverainement maîtresse.

C. POUVOIRS DU GÉRANT.

Les pouvoirs du gérant, se déduisent du caractère juridique de sa situation.

Le gérant est un mandataire.

C'est là un point qui pendant quelque temps a été controversé. Les conséquences que cette qualité entraîne au point de vue pénal, donnaient à la discussion un intérêt considérable. Si le gérant est un mandataire, au cas ou il détournerait frauduleusement à son profit les fonds de la société, il peut être déclaré coupable d'abus de confiance.

Les motifs qui ont fait hésiter sur ce point la Cour de cassation elle-même, (arrêt du 15 janvier 1842,) peuvent se résumer en ces termes. A la différence des pouvoirs d'un mandataire, ceux du gérant échappent entièrement à l'action des prétendus mandants. Lorsqu'ils ont été établis par l'acte de société, ils font partie des conventions sociales, et ne peuvent être révoqués que pour cause légitime. En fait, le gérant ne se présente nullement comme un mandataire à ceux avec lesquels il contracte. C'est en son propre nom qu'il agit : lui seul est connu des tiers ; et comment en serait-il autrement ? En quoi est-il le représentant d'un pouvoir étranger ? N'est-ce pas sa propre affaire qu'il traite ? Ses intérêts personnels ne sont-ils pas engagés au plus haut degré, dans les opérations auxquelles il se livre ?

Il suffit pour répondre à cette dernière objection, de considérer que le gérant n'est pas la société. Le fonds social appartient à la société. Le gérant est simplement chargé de l'administrer. Il n'en est pas propriétaire et maître. Dès lors il ne peut être qu'un agent. Cette solution est confirmée par le droit qu'ont incontestablement les actionnaires de lui demander compte de l'emploi de leurs capitaux. Sans doute, un intérêt propre se mêle à l'intérêt étranger qui lui est confié. Quelques entraves peuvent être apportées au libre exercice du droit de révocation. Ces atteintes aux principes rigoureusement exacts du contrat de mandat, sont commandées par cette circonstance, que dans la personne du gérant, la qualité d'associé se combine avec celle de mandataire. Mais elles n'apportent aucune modification sérieuse aux caractères essentiels de ce contrat. Ils se retrouvent tout entiers dans l'exercice de pouvoirs conférés dans un intérêt qui n'est pas uniquement celui de l'administrateur, et dans l'obligation de rendre compte. — Le titre de gérant même, vis-à-vis de tiers, ne peut avoir d'autre sens que celui de représentant de la société.

Les pouvoirs du gérant peuvent être déterminés par le contrat. Quand ils ne le sont pas, il faut en chercher les limites dans la nature et le but de la société.

Le gérant a mandat général d'administrer. Il a droit de faire toutes opérations se rattachant au but de la société. Par contre, tout ce qui ne tend pas à ce but lui est interdit, à moins d'autorisation spéciale.

On cite habituellement, comme étant en thèse générale interdits aux gérants : les actes de disposition à titre gratuit ; les aliénations, au moins pour la partie du capital social qui n'est pas destinée à alimenter le commerce, généralement les immeubles de la société ; par suite les innovations qui pourraient être faites, et les constitutions d'hypothèques qui pourraient être consenties sur ces mêmes immeubles.

Il y a discussion entre les auteurs en ce qui concerne les droits d'emprunter, de transiger, de compromettre : ce sont là, suivant les uns, des actes utiles mais non nécessaires de gestion commerciale, et il ne peut qu'être avantageux de réserver en pareil cas l'intervention des actionnaires. Cette solution, suivant les autres, restreint outre mesure les pouvoirs du gérant. Emprunter est, en certains cas, une nécessité d'administration. Le gérant a le pouvoir général d'engager la société ; pourquoi le droit de l'obliger par voie d'emprunt lui serait-il spécialement interdit ? Le gérant est autorisé à disposer des choses qui font l'objet du commerce de la société ; pourquoi le priver du droit de transiger ou de compromettre relativement aux mêmes objets, et de pourvoir par cette voie à l'intérêt bien entendu de la société ? Cette seconde opinion nous semble correspondre plus exactement au caractère de libre administration qui est celui des pouvoirs confiés au gérant.

Bien entendu, aucune prohibition ne saurait exister pour la société elle-même. Elle a sur les biens qui composent son patrimoine tous les droits dérivant de la propriété ; elle est toujours libre d'acheter ou d'hypothéquer, en investissant à cet effet le gérant d'une délégation particulière.

Suffit-il que le gérant passe un acte dans la limite de ses pouvoirs pour que la société se trouve obligée par cet acte ?

Il faut tout d'abord écarter le cas où le gérant aurait agi en son nom personnel. Les tiers, dans cette hypothèse, ne sont pas entrés en rapport avec la société. Ils ne peuvent invoquer contre elle aucun droit.

Mais à quelle condition le gérant est-il réputé avoir agi

au nom de la société? Est-il nécessaire que l'engagement qu'il a signé ait été revêtu de la signature sociale ?

On pourrait essayer de le soutenir en s'appuyant sur l'art. 22 du code de commerce, d'après lequel les associés en nom collectif sont solidaires pour tous les engagements de la société, encore qu'un seul des associés ait signé, pourvu que ce soit sous la raison sociale. Mais cette interprétation rigoureuse est généralement repoussée. Les énonciations de l'article ne sont pas suffisamment exclusives pour rendre inadmissible toute autre preuve de l'obligation des associés. Déjà l'art. 7 titre IV de l'ordonnance de 1673, déclarait les associés solidaires à raison des actes d'un seul d'entre eux « au cas qu'il ait signé pour la compagnie et non autrement. » Pourtant, l'interprétation donnée à cet article, malgré sa rigueur apparente, ne restreignait pas à l'emploi de la raison sociale, les cas où il y avait signature donnée pour la société. Pourquoi se montrer plus exigeant, aujourd'hui que le code de commerce, en supprimant dans sa rédaction les mots : non autrement, ouvre la porte aux hypothèses, et laisse au pouvoir appréciateur des Tribunaux la liberté de s'exercer?

Il est donc généralement admis que la preuve que l'engagement a été contracté pour le compte de la société, peut résulter en dehors de l'emploi de la raison sociale, soit des déclarations faites en contractant par le gérant, soit de l'engagement en lui-même, soit même des circonstances extrinsèques qui l'accompagnent.

Quand le gérant agit au nom de la société, il est possible que l'engagement qu'il contracte lie ses coassociés, alors même qu'il aurait excédé la limite de ses pouvoirs. Ce cas, prévu par l'art. 1864 du code civil, est celui où l'engagement a tourné au profit de la société. Il y a lieu dans cette hypothèse de la part des créanciers à l'exercice d'une action de in rem verso fondée sur l'équité.

Les règles concernant la gestion que nous venons d'indiquer, peuvent dans une certaine mesure être modifiées par cette circonstance, que le pouvoir de gérer aurait été remis simultanément en plusieurs mains.

Rien de particulier, si chacun des gérants a été autorisé à agir séparement. Chacun d'eux exerce alors indépendamment des autres et dans toute leur plénitude, les mêmes pouvoirs que ceux dont il aurait été investi s'il avait été seul.

Mais les attributions peuvent être partagées : chacun doit alors se renfermer dans le rôle qui lui a été fixé.

Il peut encore arriver que dans le but de présenter à la société des garanties plus grandes, il ait été stipulé que les gérants ne pourraientagir que collectivement. L'engagement d'un seul, serait en pareil cas insuffisant pour obliger la société ; à moins toutefois que l'opération ne soit connue et ratifiée par les autres, expressément ou tacitement. Les décisions prises simplement à la majorité ne seraient pas valables. L'unanimité seule présente une garantie suffisante, aux termes de la stipulation.

Lorsqu'il y a plusieurs gérants nommés par l'acte de société, ce que nous avons dit des effets en pareil cas de la cessation des pouvoirs du gérant, se réalise lors même qu'un seul d'entre eux est révoqué, se retire, ou meurt. C'est en effet la collectivité des gérants, qui forme alors un des éléments constitutifs de la société.

D. OBLIGATIONS DU GÉRANT.

Les principes qui les régissent sont des plus simples.

A l'égard des tiers, nous avons déjà eu plusieurs fois occasion de le dire, il est soumis à la responsabilité d'un associé en nom collectif.

A l'égard des associés, sa responsabilité est celle d'un mandataire.

En conséquence, il répond de toutes les fautes qu'il commet dans sa gestion, et dont il résulte pour ses co-associés un préjudice. Il est en outre soumis à l'obligation de rendre compte.

Quand au cours de la société, un gérant est remplacé par un autre, quelle est l'étendue de la responsabilité du nouveau gérant. Devient-il passible des obligations contractées même antérieurement à sa gestion ?

Il ne nous apparaît aucune raison de le décider. Quand un commanditaire sans en avoir le droit, s'immisce dans la gestion, l'art. 28 du Code de commerce, le déclare responsable seulement des dettes et engagements de la société qui dérivent des actes de gestion qu'il a faits. Si le nouveau gérant est pris dans les rangs des commanditaires, pourquoi lorsqu'il fait acte de gestion en vertu d'un titre légal et d'un pouvoir régulier, le traiterait-on plus rigoureusement que s'il avait commis une faute? Le nombre et l'importance des actes auxquels il se livre est sans influence au point de vue de l'extension de sa responsabilité à la période de temps qui précède la date à laquelle ils ont commencé. Les difficultés d'une ventilation, qui n'ont pas arrêté le législateur dans l'hypothèse prévue par l'art. 28, ne méritent pas qu'on leur attribue ici une importance plus considérable.

D'ailleurs quoi de plus facile pour le gérant qui entre en fonctions, que de faire inventaire, et d'établir ainsi entre la gestion de son prédécesseur et la sienne, une ligne de démarcation qui empêche toute confusion ?

A fortiori les mêmes raisons militeraient en faveur d'un gérant pris en dehors de la société, et qui ne se trouverait rattaché par aucun lien de quelque nature qu'il soit, aux opérations antérieures à celles que lui-même a consommées.

Quant à l'ancien gérant, sa responsabilité cesse naturellement avec ses fonctions, si toutefois la publicité prescrite par la loi a été donnée à sa retraite ou à son remplacement.

E. DROITS DU GÉRANT.

Le gérant a contre la société les droits qu'un mandataire a contre son mandant. En conséquence, il a droit d'être indemnisé de toutes les avances qu'il a faites pour le compte de la société, avec les intérêts de ses avances à compter du jour où elles ont été faites, et des pertes subies dans l'exécution de son mandat, pourvu qu'elles soient une suite directe et immédiate de la gestion, et que le gérant soit exempt de faute.

DES COMMANDITAIRES.

A. NOTIONS GÉNÉRALES.

Les commanditaires, aux termes de l'art. 23 du code de commerce, sont les bailleurs de fonds de la société.

Dans la société en commandite par actions, leur apport consiste régulièrement dans le versement du capital d'un certain nombre d'actions.

Mais il est possible aussi que l'apport soit fait en nature. Nous avons vu que des précautions sont exigées en pareil cas, pour que des valeurs fictives ne viennent pas grossir frauduleusement le chiffre du capital social. Un certain nombre d'actions sont attribuées au commanditaire qui fait l'apport. Le paiement s'en trouve effectué par la compensation qu'opère implicitement la convention entre le prix de ces actions et la portion du capital social qui devrait être affectée à l'acquisition des apports.

L'apport en nature peut se présenter sous la forme d'une vente de l'objet apporté, faite à la société pour un prix déterminé, et d'autre part, souscription par le vendeur, d'actions de la société pour un chiffre quelconque. La Cour de cassation a sanctionné l'application à cette hypothèse de la compensation de plein droit, pour la totalité ou pour partie, entre le montant des actions souscrites et le prix de vente, dès l'instant où les deux dettes étaient devenues liquides et exigibles. (Arrêt du 4 mars 1867.)

Un actionnaire pourrait-il restreindre son apport à la jouissance de sa mise ?

Rien ne s'oppose à ce que les combinaisons autorisées à cet égard par le code civil, (art. 1851,) soient transportées des sociétés civiles dans les sociétés commerciales. Elles ne déchargent pas le bailleur de tous risques ; celui-ci demeure exposé à perdre tout ou partie du profit de son apport : les dividendes qui lui sont alloués peuvent être justement considérés comme la représentation de cette alea.

Aucune difficulté si l'apport était en nature. Si la mise consiste en numéraire, et si l'actionnaire est un véritable souscripteur d'actions, la combinaison dont nous parlons pourra pratiquement se réaliser en insérant dans le contrat une clause en vertu de laquelle, à la dissolution, le porteur d'actions prélèvera sur le fonds social, préalablement à tous autres, le capital de ses actions. Mais une pareille clause serait-elle opposable aux tiers ? L'actionnaire pourrait-il se faire rembourser par concurrence avec les créanciers sociaux ? Ne serait-ce pas porter atteinte à l'intégrité du capital social, tel qu'il a été annoncé dans l'acte de société, publié et affecté à la garantie des créanciers?

Nous pensons qu'il en aurait été ainsi sous l'empire de la loi de 1856. Alors en effet, la publication telle qu'elle était organisée, portant simplement à la connaissance des tiers, le chiffre des valeurs fournies, ne leur faisait pas nécessairement connaître toutes les conditions auxquelles en était subordonnée la réalisation. Ils étaient donc fondés à tenir pour non avenues celles de ces conditions qui, demeurées pour eux un secret, venaient, au moment de la liquidation les frapper d'un préjudice contre lequel il ne leur avait pas été possible de se mettre en garde. Il n'en est plus de même aujourd'hui : l'acte de société tout entier est mis à la disposition des tiers. Toutes les clauses qu'il renferme sont réputées être connues d'eux. Ils seraient donc mal venus à en contester l'application, lors même qu'ils en souffriraient. Ils doivent accepter dans toutes ses conséquences une situation dans laquelle ils se sont placés par un acte libre et réfléchi de leur volonté.

B. OBLIGATIONS DES COMMANDITAIRES.

1° *Versement de la mise.*

La première obligation de l'actionnaire est d'effectuer le versement de sa mise.

En cas de retard dans le payement de la somme due à la société, il y aurait lieu d'appliquer l'art. 1846, qui fait courir les intérêts de plein droit du jour où la mise devait être payée.

Ici se présente une question qui a fait l'objet de vives controverses. Les créanciers de la société peuvent-ils agir directement contre les actionnaires pour les contraindre au versement de leur mise ; ou ne peuvent-ils exercer contre eux d'autres droits que ceux qu'ils emprunteraient au gérant en vertu de l'art. 1166 ?

L'intérêt du débat est évident. Les créanciers devront-ils subir les exceptions qui pourraient être opposées par les actionnaires à l'action du gérant ?

Par exemple les fondateurs de la société ont négligé de remplir une de ces formalités dont l'omission aux termes de l'art. 7 de la loi du 25 juillet 1867 entraîne la nullité de la société. Ou bien, le gérant pour déterminer des souscriptions, a eu recours à des manœuvres frauduleuses. L'action qu'il exercerait en pareil cas pour obtenir des actionnaires l'exécution de leurs engagements pourrait justement être repoussée.

La jurisprudence, après une période d'hésitation, a définitivement consacré au profit des créanciers le droit d'exercer une action directe.

Les arguments invoqués par les partisans de la doctrine, contraire étaient ceux-ci : Le contrat auquel l'actionnaire à pris part, ne produit effet qu'entre lui et la société représentée par le gérant. Le gérant entre en rapport avec les tiers ; il s'oblige à leur égard, lui et les capitaux qu'il a entre les mains ; mais il n'en résulte aucune obligation personnelle des actionnaires envers les tiers. Aucune convention n'est intervenue entre eux ; les capitaux seuls des actionnaires sont dans la société, et non leur personne. Comment d'ailleurs les tiers pourraient-ils agir ? Ils ne connaissent pas les actionnaires ou ne sont pas censés les connaître. Leur nom ne figure pas dans la raison sociale, ni dans l'extrait publié, de l'acte de société. Ils sont à l'égard des créanciers dans la situation d'un prêteur quelconque de la société, contre lequel bien évidemment aucune action ne serait possible.

Des considérations de fait et d'équité indiquent à priori que ces arguments ne doivent pas prévaloir, et que les créanciers ne doivent pas souffrir des exceptions opposables au gérant. Supposons une exception fondée sur la nullité de la société ? Si elle était valable à l'égard des tiers, quelle en serait la conséquence ? La violation de la règle aux termes de laquelle la nullité ne peut être opposée aux tiers par les associés.

On objectera que les termes de la loi sont respectés, et

que la nullité n'est pas opposée aux tiers, mais au gérant, dont les tiers exercent l'action. Le résultat, pour être atteint d'une manière indirecte, n'en est pas moins le même, et l'esprit de la loi, qui est d'empêcher que les tiers ne souffrent un préjudice quelconque à raison d'une nullité imputable aux seuls associés, est manifestement méconnu. Prenons l'hypothèse où les actionnaires prétendraient se retrancher derrière les artifices mis en œuvre par le gérant pour surprendre leur consentement. S'ils triomphent, les conséquences de la fraude vont être supportées par les créanciers. De ces deux classes de personnes, exposées à subir l'une à défaut de l'autre le préjudice résultant d'un même fait, laquelle est préférable ? Le doute n'est pas permis. Les actionnaires sont en faute. Avant d'engager leurs capitaux dans des opérations destinées à être accomplies à leurs risques et périls, ils devaient mûrement en apprécier les chances. Ils avaient pour s'éclairer toutes facilités. Un conseil de surveillance était spécialement institué pour la sauvegarde de leurs intérêts. S'ils ont été trompés, s'ils ont imprudemment donné leur confiance à un mandataire déloyal, eux seuls doivent en porter la peine.

Les créanciers se fondent sur le caractère extérieur des actes de société. Ils traitent sous la foi des apparences et de la notoriété publique. En cela, ils ne sont pas en faute ; car ils n'ont pas comme les associés les moyens de pénétrer la réalité des choses. Ils n'ont pas à rechercher les conditions dans lesquelles ont été obtenues les souscriptions. Il leur suffit de savoir que des engagements ont été pris pour qu'ils aient le droit d'en exiger la réalisation.

Les mêmes raisons s'opposeraient à ce que les créanciers aient à subir les conséquences dommageables d'un arrangement quelconque intervenu entre le gérant et les actionnaires. La réalisation du gage publiquement offert à la confiance des créanciers ne peut être abandonnée au gré du gérant. Des conventions occultes ne peuvent paralyser l'effet des conventions ostensibles.

Cependant toutes les considérations d'équité devraient céder devant la raison de droit, et les créanciers n'auraient pas d'autre recours que celui qui leur appartient contre le gérant, s'il était exact, comme on l'a prétendu, qu'il n'existe aucun point de contact entre eux et les actionnaires; l'effet de l'obligation contractée par ceux-ci, se bornant à les mettre en relations avec la société.

Mais telle n'est pas la situation. L'actionnaire n'est pas un prêteur ordinaire. En même temps qu'il verse ses capitaux aux mains du gérant, il lui donne un mandat : mandat de les employer conformément au but de la société ; mandat de l'obliger à cet effet envers les tiers. Le gérant de son côté, ne traite pas en son nom ni pour son propre compte, mais au nom et pour le compte de la société ; l'emploi de la raison sociale fait foi de sa qualité de mandataire.

L'existence des commanditaires n'est donc pas un fait que les tiers sont censés ignorer ; c'est au contraire le principal titre proposé à leur confiance ; la publication de la société n'a pas eu d'autre but que de le leur faire connaître ; et c'est avec les commanditaires que les créanciers contractent par l'intermédiaire du gérant. Les mandants sont obligés directement par les actes de leur mandataire.

Doit-on ranger au nombre des exceptions dont les créanciers seront autorisés à ne pas tenir compte, la compensation qui pourrait être opposée par l'actionnaire à raison des sommes à lui dues par la société ? — Nous ne le pensons pas ; l'exception dont il s'agit ici ne peut être considérée comme personnelle au gérant ; elle détruit dans son principe même l'action des créanciers ; elle est fondée sur l'exécution légitime et régulière de l'obligation de l'actionnaire. Le droit reconnu aux créanciers de s'adresser directement au débiteur pour en obtenir cette exécution, ne modifie ni les termes de l'engagement, ni le droit commun en ce qui concerne les modes de libération. La société est le créancier primordial ; sa créance préexiste à toute relation avec les tiers. La compensation, mode régulier de paiement, est par conséquent possible entre la société et l'actionnaire : et elle peut être opposée aux créanciers, parce que l'exécution de l'engagement contracté par l'actionnaire envers la société était la seule chose sur laquelle ils avaient le droit de compter.

Quelle juridiction est compétente pour connaître des controverses qui peuvent s'élever à l'occasion du versement de la mise ? Est-ce la juridiction commerciale ?

Constatons d'abord que l'actionnaire n'est pas nécessairement commerçant par cela seul qu'il est membre d'une société commerciale. Il ne résulte pas de ce fait qu'il fasse sa profession habituelle des actes de commerce.

Mais du moins faut-il voir une obligation commerciale dans celle qu'il contracte en souscrivant des actions ?

La négative est soutenue par la raison que les actes de commerce sont définis limitativement par les art. 632 et suiv. du code de commerce et que le fait dont il s'agit ne rentre dans aucune des hypothèses prévues par ces articles.

Ceci est exact si l'on considère l'obligation en elle-même, abstraction faite des circonstances qui l'accompagnent, de la cause qui la détermine et de l'ensemble d'opérations dont elle fait partie. Mais c'est là un point de vue étroit, qu'il convient à notre avis d'élargir. L'actionnaire n'est pas un prêteur ordinaire, remettant à l'emprunteur des fonds dont l'emploi est abandonné sans contrôle au bon plaisir de celui-ci. L'actionnaire est un associé ; le versement de sa mise constitue l'exécution de l'une de ses obligations ; les fonds sont remis pour être employés au commerce de la société, avec mandat spécial à cet effet, en échange du droit de participer aux bénéfices de ce commerce. L'obligation de verser sa mise, constitue l'acte même au prix duquel l'actionnaire est investi de la qualité d'associé ; l'acte par lequel il concourt à la formation de la personne sociale. Elle doit participer à la nature commerciale de celle-ci. L'actionnaire prend part à l'opération commerciale entreprise par la société : peu importe que ce soit par un acte qui en lui-même ne serait pas commercial ; l'accessoire suit le principal. C'est ainsi qu'il a été décidé que le manufacturier qui achète des outils pour les employer dans son usine fait un acte de commerce, parce que cet achat indifférent de sa nature, vient se rattacher comme accessoire à une entreprise de manufacture.

Il n'y a pas à tenir compte d'une objection aux termes de laquelle l'introduction de la commandite dans la législation ayant eu pour objet de faire concourir les capitaux civils aux affaires commerciales, il importerait de conserver au contrat son caractère particulier, et de ne pas entraîner dans des opérations commerciales des personnes qui ne peuvent ou ne veulent pas faire le commerce. La réponse à cette objection a déjà été donnée : la qualité d'actionnaire n'implique pas celle de commerçant ; or c'est dans la qualité de commercant que résident les inconvénients susceptibles d'éloigner les capitaux, et non dans la compétence de la juridiction commerciale, à raison d'une opération déterminée. Admettre cette compétence n'est donc pas atteindre le contrat dans son caractère et son utilité particulière.

Il existe d'ailleurs en faveur de cette solution une considération pratique, qui ne manque pas d'importance. Pour apprécier les contestations susceptibles de naître entre les actionnaires et la société, il peut être nécessaire d'interroger les statuts, de consulter les livres de la société, d'examiner les rapports du gérant et les inventaires. Ce sont là des opérations qui relèvent essentiellement de la juridiction commerciale, et il pourrait y avoir inconvénient, à propos de questions qui étendent souvent leurs ramifications dans toutes les directions du droit commercial, à entraîner la juridiction civile sur un terrain dont l'étude ne forme pas la matière habituelle de ses travaux.

2° Maintien de la mise dans la société.

Après que le versement de sa mise a été effectué par l'actionnaire, il ne lui est plus permis de la retirer, à moins d'une liquidation régulière.

La mise, en effet, est devenue la propriété de la société. L'actionnaire perd tous ses droits sur elle, pendant la durée de celle-ci. Elle est devenue le gage des créanciers. Ils doivent être désintéressés avant que les conventions intervenues entre les associés puissent recevoir aucun effet.

Il en résulte que l'on doit considérer comme nulle et de nul effet toute clause ou toute opération, sous quelque nom que ce soit, d'où résulterait pour l'actionnaire, la faculté de reprendre tout ou partie de sa mise.

La cession d'actions opérée au profit d'un tiers constitue simplement la substitution d'un associé à un autre, et ne porte à l'intégrité du capital social aucune atteinte. Il en serait autrement du transfert effectué au profit de la société elle-même. Toute convention intervenue entre le gérant et les actionnaires dans le but de racheter les actions de ceux-ci doit être rigoureusement interdite, toutes les fois que les fonds destinés à ce rachat, devraient être prélevés sur le capital social.

Il arrive parfois que les actionnaires au lieu de négocier directement leurs actions à des tiers, ont recours à l'intermédiaire du gérant et que celui-ci consent à rembourser des actions dans le but de les négocier lui-même à un nouvel acquéreur. La validité d'une telle opération demeure subordonnée au succès qu'elle peut avoir, et si la négociation n'avait pas lieu, la société serait fondée à poursuivre l'actionnaire en remboursement de la somme par lui touchée.

La règle qui nous occupe est habituellement invoquée dans la discussion d'une question qui partage depuis de longues années les auteurs et la jurisprudence.

Il s'agit de la clause par laquelle des actionnaires stipuleraient le payement des intérêts de leur mise.

Aucune difficulté n'existe tant que les intérêts doivent être pris seulement sur les bénéfices réalisés. La clause dont nous parlons constitue simplement dans ce cas une convention entre associés sur la répartition des bénéfices. Les avantages qu'elle présente sont connus. Ils consistent à permettre de distribuer aux capitalistes une partie des bénéfices sans être obligé d'attendre la confection de l'inventaire annuel, qui en déterminera exactement le chiffre ; à assurer aux associés dont les fonds sont plus exposés, qui ont par exemple des actions de capital, une part dans les bénéfices plus grande qu'à ceux qui auraient seulement des actions industrielles ou de jouissance ; enfin elle donne satisfaction à ce que l'on peut appeler les préjugés des actionnaires, qui tout en exposant leurs capitaux à l'alea des opérations sociales aiment à retrouver les apparences d'un placement régulier.

Mais la clause serait-elle également licite et opposable aux tiers, s'il était convenu que le paiement des intérêts aurait lieu même en l'absence de bénéfices, sauf à prélever les fonds nécessaires sur le capital social ?

La négative est soutenue principalement par le motif que le paiement des intérêts constitue dans ce cas un remboursement partiel de la mise, au profit de ceux qui se sont obligés à la fournir. Le capital social était devenu le gage exclusif des créanciers sociaux ; les principes de la bonne foi sont violés à leur égard, si l'associé reprend d'une main, ce qu'il s'est engagé à verser de l'autre.

On invoque en outre des considérations théoriques tirées de la nature du contrat de société, et de son incompatibilité avec la clause d'intérêts. Le commanditaire n'est pas un prêteur. A quel titre réclamera-t-il les intérêts de son apport ? Il n'en est pas créancier. De son côté la société ne peut devoir le loyer de choses qui sont devenues sa propriété. Et si la société est en pertes, l'associé perd sa mise ; comment cette mise qui n'existe plus, pourrait-elle continuer à produire des intérêts ?

Quelle que soit la valeur de ces raisons, elles nous paraissent cependant devoir céder devant celle-ci, que les associés en définitive, libres de donner ou de refuser leur concours à la société, ont droit de subordonner la réalisation de leur apport à telle condition qu'il leur convient d'imposer. C'est à la société, juge de la valeur et de l'opportunité des avantages qu'ils stipulent, à apprécier si les charges qu'elle est obligée de s'imposer trouvent leur compensation dans l'utilité du concours dont elles sont le prix. Or la clause d'intérêts est une clause pratique et essentiellement pratique. Créée par la pratique, soutenue par la force des choses, elle a su triompher des attaques que le raisonnement avait tout d'abord dirigées contre elle ; il a été reconnu qu'elle constituait un moyen efficace et dans certains cas indispensable de déterminer les réunions de capitaux sollicitées par les sociétés. Le Conseil d'Etat, lorsqu'il s'agissait pour lui d'autoriser des sociétés anonymes, après avoir pendant quelque temps essayé de la combattre, a été forcé de s'incliner devant la nécessité. Il y a là en effet une question d'existence pour les sociétés.

Cependant à tout prix la stipulation d'intérêts devrait disparaître des actes de société, s'il était vrai qu'elle constitue un piége à la bonne foi des tiers, et une fraude à des droits qui doivent être inviolables. Il en serait ainsi s'il s'agissait d'une convention tenue secrète, ayant pour effet de saper sourdement et à l'insu des créanciers la base sur laquelle ils ont fondé leur confiance. Mais au contraire, l'acte de société avec toutes les clauses qu'il renferme est ouvert aux investigations du public. Quel est dans ces conditions l'effet de la stipulation ? C'est de substituer au vu et su de tous, au capital nominal un capital effectif, susceptible d'être déterminé seulement à la liquidation de la société. L'apport de l'actionnaire n'est plus qu'un apport incertain, conditionnel, subordonné aux vicissitudes de la société ; susceptible même de disparaître complètement. Les créanciers sont en mesure d'apprécier l'alea résultant pour eux d'une pareille situation ; dans aucun cas, s'ils en courent les risques, ils ne peuvent se plaindre d'avoir été trompés.

Mais comment expliquer en cas de pertes de la société, que les intérêts payés n'entrent pas en diminution de mise, qu'ils ne diminuent pas en proportion de celle-ci, mais soient calculés chaque année sur la mise primitive, comme si le capital social était resté intact ? C'est là une question d'interprétation de la convention. L'apport a été fait à la condition qu'il serait payé annuellement à l'actionnaire une somme représentant les intérêts de la mise, non pas telle qu'elle existe à chaque instant de la société, mais telle qu'elle existait à l'époque du versement. Cette somme considérée comme intérêt de la mise, à une époque où le capital social aurait subi une diminution, pourrait constituer des intérêts à un taux usuraire ; mais le contrat de société n'est-il pas aléatoire ? L'associé est exposé à la perte de son capital : en considération de ce risque, la loi s'abstient de poser des limites à la proportion dans laquelle pourront se trouver, par rapport à sa mise, les avantages qu'il recueillera. Que la compensation qu'il est en droit d'exiger, ne lui paraisse pas suffisamment garantie par l'espérance des bénéfices ; qu'il prenne les moyens de l'assurer en prévision du cas ou ceux-ci feraient défaut ; peu importe : nous sommes en présence d'une situation dans laquelle figure un élément inconnu ; dès lors il ne peut plus être question de règle inflexible ni d'appréciation législative, mais le champ doit rester ouvert à la liberté des conventions.

3° *Défense de s'immiscer dans la gestion.* (art. 27 C. de co.)

L'obligation pour les commanditaires de s'abstenir de tout acte de gestion est motivée par des raisons appartenant à deux ordres d'idées distincts.

Le premier concerne les tiers. L'intervention du commanditaire pourrait facilement les induire en erreur sur sa véritable situation. Il est naturel que l'exécution d'un contrat soit garantie par la responsabilité de celui avec lequel on traite : les créanciers seraient fondés à croire l'actionnaire qui se présente à eux, disposé à leur offrir pour gage sa responsabilité pleine et entière, et aux refus de cette garantie élémentaire, ils pourraient justement se dire trompés.

Le second ordre d'idées concerne le gérant. Portant seul tout le poids de la responsabilité personnelle, à raison des engagements de la société, lui seul doit avoir le pouvoir de créer cette responsabilité. Il serait également injuste et dangereux que les actionnaires puissent agir sans avoir à redouter les conséquences de leurs actes, soit que le gérant à l'abri duquel ils spéculeraient n'offre aux tiers qu'une responsabilité illusoire ; soit que présentant un crédit sérieux, il ait à porter la peine des témérités d'autrui.

De cette obligation résulte que le nom des actionnaires ne doit pas figurer dans la raison sociale, (art. 25 C. de co.) Celle-ci en effet est la formule du mandat donné par les associés à celui qui a le droit d'en faire usage, de les obliger indéfiniment.

La gestion en vertu de procuration ne présenterait pas tous les inconvénients que nous avons signalés, mais elle ouvrirait les voies à la liberté d'action des commanditaires, sans lui donner d'autre contrepoids que leur responsabilité limitée, et les dangers résultant d'une telle situation ont paru assez grands pour exiger quelle fut également prohibée.

Sans entrer dans le détail des actes de gestion prohibés, on peut dire en général, que ce sont tous ceux qui mettraient l'actionnaire, avec la qualité de représentant de la société, en rapport avec les tiers.

Reste par conséquent en dehors de la prohibition tout ce qui doit-être considéré seulement comme acte de gouvernement intérieur de la société.

Il n'existe par exemple aucune difficulté à l'égard des autorisations par lesquelles les actionnaires peuvent étendre les pouvoirs du gérant. L'effet en est restreint entre les actionnaires et le gérant. Une certaine capacité est conférée à celui-ci ; mais seul il la met en œuvre, et il n'existe pour les tiers aucun motif de remonter à la source d'où elle découle.

Il n'y aurait pas davantage, à notre avis, immixtion des commanditaires dans la gestion, au cas où une clause de l'acte de société leur attribuerait à l'égard du gérant le droit de révocation ad nutum. Dans ce cas, sans doute, les commanditaires seront les véritables inspirateurs de la gestion. Le gérant conservera ses fonctions à condition seulement que tous ces actes refléteront exactement la pensée des commanditaires. Mais il n'en résulte pas que les commanditaires fassent eux-mêmes aucun acte de gestion, ni qu'ils entrent à aucun degré en relations avec les tiers. La gestion reste l'œuvre personnelle du gérant ; l'œuvre de sa volonté libre et réfléchie ; il n'y a pas à se préoccuper des motifs qui la déterminent.

Mais la solution devrait être différente au cas où l'acte de société stipulerait que les délibérations et résolutions des actionnaires seraient obligatoires pour le gérant. Dans ce cas, et par rapport à ces résolutions, il est impossible de trouver d'autre gérant que les actionnaires eux-mêmes. Celui qui était revêtu de cette qualité la perd pour n'être plus en réalité qu'un simple employé chargé de l'exécution des volontés d'autrui. A l'égard des tiers, sans doute, la situation n'est pas sensiblement modifiée. C'est toujours la personnalité du gérant qui s'offre à eux, et avec laquelle ils traitent, sans que l'influence d'une autorité étrangère se trahisse au dehors; mais si les droits qu'ils acquièrent contre les actionnaires ne dérivent pas des termes mêmes du contrat qui intervient, ils résultent de la situation que les actionnaires se sont faite par l'acte de société, situation contraire à la loi, qui domine toutes les hypothèses particulières, dont la publicité donnée à l'acte de société a divulgué le secret, et qui a pour conséquence nécessaire de transporter la responsabilité à la charge de ceux qui ont voulu que l'action leur fut exclusivement imputable.

La sanction bien connue de l'obligation que nous étudions est édictée par l'art. 28 du C. de co.

« En cas de contravention à la prohibition, l'associé commanditaire est obligé, solidairement avec les associés en nom collectif, pour les dettes et engagements de la société qui dérivent des actes de gestion qu'il a faits, et il peut, suivant le nombre et la gravité de ces actes, être déclaré solidairement obligé pour tous les engagements de la société ou pour quelques-uns seulement. »

On se demande à ce sujet, si le fait d'être déclaré responsable de tout ou partie des engagements de la société, entraîne nécessairement pour le commanditaire la qualité de commerçant ; par conséquent, s'il pourrait être déclaré en faillite, au cas par exemple où il se trouverait impuissant à acquitter les engagements tombés à sa charge?

L'affirmative pouvait être soutenue sous l'empire de la rédaction ancienne de l'art. 28, qui, avant d'avoir été modifiée par la loi du 6 mai 1863, déclarait le commanditaire, en cas d'immixtion, obligé solidairement avec les associés en nom collectif pour toutes les dettes et engagements de la société, sans distinction. Par l'effet de la pénalité édictée contre lui, pouvait-on dire alors, le commanditaire devient en réalité associé en nom collectif.

Or il ne peut être associé en nom collectif sans être commerçant, et subir toutes les conséquences de cette qualité, toujours identiques, quelle que soit la cause d'où elle dérive : la volonté de la partie, ou celle de la loi, appliquée par une décision d'un Tribunal.

Il n'en est plus de même aujourd'hui. La loi du 6 mai 1863 a réduit au strict nécessaire la sanction des contraventions commises par les commanditaires. Elle s'est contentée de laisser produire à leurs actes, leurs conséquences naturelles, celles que réclament impérieusement l'équité et la bonne foi. C'est donc une question de fait de savoir si la qualité de commerçant doit-être rangée au nombre de ces conséquences. Des actes isolés de commerce ne suffiraient certainement pas à l'entraîner.

Le commanditaire condamné à payer au-delà de sa mise, a-t-il le droit d'exercer un recours contre le gérant ? Est-ce vis-à-vis des tiers seulement, ou en même temps, vis-à-vis de la société, qu'il est déclaré responsable des engagements qu'il contracte ?

La question est diversement résolue.

Suivant les uns, le commanditaire qui gère abdique nécessairement sa qualité à l'égard de tous : il ne peut usurper un rôle actif et prétendre en même temps conserver une situation qui le mettrait à l'abri des conséquences de ce rôle.

Suivant d'autres, la peine contre l'immixtion a été prononcée uniquement dans l'intérêt des tiers : eux seuls étaient exposés à des fraudes et à des surprises ; les coassociés de celui qui l'encoure ne peuvent invoquer aucun titre pour s'en prévaloir ; les rapports établis par l'acte de société ne doivent pas être modifiés.

Ici encore la solution nous paraît dépendre des faits, et devoir différer suivant les circonstances.

Il est certain que le commanditaire aurait son recours contre le gérant, si les actes de gestion auxquels il s'est livré avaient été faits avec la procuration de celui-ci. Nous admettrions la même solution dans l'hypothèse d'une procuration en quelque sorte tacite, c'est-à-dire si le gérant, connaissant les actes de gestion des commanditaires, et en mesure de s'y opposer, gardait le silence et demeurait dans l'inaction, ratifiant ainsi ce qui se passait sous ses yeux.

Mais si le commanditaire, à l'insu de ses coassociés, se livre à des actes de gestion qu'il ne leur est pas possible de prévenir, à quel titre prétendrait-il leur en faire supporter les conséquences ? Invoquera-t-il les termes du contrat et l'étendue restreinte de ses obligations ? Mais il est lui-même sorti des termes de ce contrat. Il a contracté sans pouvoirs. Ses actes ne présentent pour ses coassociés aucune des garanties, que les stipulations les avaient assurés de trouver dans les opérations régulièrement faites. En lui ne se rencontrent pas les qualités qui réunies chez le gérant, l'avaient fait choisir ou accepter de préférence à tout autre. Les opérations des commanditaires constituent de véritables contraventions à la loi générale, et à la loi particulière : le contrat de société. Elles n'ont aucune existence légale, ne peuvent être pour lui le fondement d'aucun droit, et doivent rester tout entières à sa charge.

C. DROITS DES COMMANDITAIRES.

Une partie de ces droits est constatée par l'article 28 du Code de commerce, dans les termes suivants : Les avis et conseils, les actes de contrôle et de surveillance, n'engagent point l'associé commanditaire.

Les droits des commanditaires peuvent se ramener à quatre chefs :

1° Droit de contrôler et de surveiller le gérant et les opérations sociales.

2° Droit de participer à certains actes : actes de gestion, par des autorisations, des avis ou des conseils ; actes de gouvernement intérieur de la société, par une intervention directe.

3° Droit de prendre sa part des bénéfices réalisés et distribués sous forme de dividendes, avant la liquidation de la société.

4° Enfin des facilités particulières leur sont données pour faire valoir en justice les droits qui peuvent leur appartenir contre le gérant ou les membres du conseil de surveillance.

Le contrôle et la surveillance sont délégués plus spécialement au conseil de surveillance.

L'exercice des droits se rattachant au second chef n'appartient pas aux associés pris isolément, mais aux actionnaires réunis en assemblée générale.

Nous traiterons donc : 1° Du conseil de surveillance. 2° Des assemblées générales. 3° Des distributions de dividendes. 4° Des actions judiciaires.

1° *Conseils de surveillance.*

Il ne s'agit plus ici des obligations imposées spécialement au premier conseil de surveillance ; mais de ce qui constitue le droit commun des conseils de surveillance ; des fonctions dont ils sont investis, quelle que soit l'époque de leur nomination.

Leurs droits et leurs devoirs se ramènent à quatre chefs :

1° Ils vérifient les livres, la caisse, les valeurs et le portefeuille de la société. (Art. 10.)

Cette vérification est essentielle : elle est la base nécessaire de la surveillance exercée par le conseil ; le moyen pour lui de se rendre un compte exact de l'état de la société et de la direction qui lui est imprimée par le gérant. Ce contrôle doit par conséquent être rigoureux et ne saurait être accompli avec une exactitude trop scrupuleuse.

2° Ils font chaque année à l'assemblée générale un rapport dans lequel ils doivent signaler les irrégularités et inexactitudes qu'ils ont reconnues dans les inventaires, et constater, s'il y a lieu, les motifs qui s'opposent aux distributions de dividendes proposées par le gérant. (Art. 10.)

Les motifs qui pourraient s'opposer aux distributions de dividendes nous sont indiqués par un autre alinéa du même article : ce sont évidemment ceux qui donneraient lieu à la répétition des dividendes contre les actionnaires qui les recevraient : c'est-à-dire, l'absence d'inventaires et le défaut de rapport entre les dividendes et les résultats constatés par l'inventaire.

L'art. 8 de la loi de 1856 disait simplement que les membres du conseil de surveillance feraient à l'assemblée générale un rapport sur les inventaires et les propositions de dividendes faites par le gérant. Le législateur de 1867 par la rédaction qu'il a adoptée, a voulu faire ressortir plus énergiquement le droit et le devoir des membres du conseil, de s'opposer à toute distribution de dividendes qui ne seraient pas légitimement acquis.

Mais il est entendu qu'ils ne peuvent aller dans cette voie au-delà d'un simple contrôle, d'une simple appréciation motivée. Faire plus serait sortir des limites dans lesquelles les commanditaires sont tenus de se renfermer, faire acte d'ingérance dans la gestion, et s'exposer à une responsabilité solidaire avec le gérant.

Un inventaire exact et régulier étant le point de départ indispensable de tout calcul des dividendes, le conseil de surveillance doit signaler tout ce qui, dans les inventaires, ferait obstacle à la révélation sincère de l'état de la société. Il doit rechercher avec soin si des exagérations d'actif ou des diminutions de passif ne risquent pas d'amener la distribution de dividendes fictifs.

Il résulte du rapport fait au nom de la Commission (n° XXXIV), que le législateur a entendu appliquer les principes posés pour les distributions de dividendes, au paiement des intérêts annuels reçus par les actionnaires, comme résultat sinon de bénéfices proprement dits, au moins à titre d'excédant de l'actif sur le passif, et en vertu des inventaires. Le paiement d'intérêts en effet, quand il a lieu dans ces termes, n'est licite, qu'autant qu'il ne constitue pas une atteinte au capital. Il en serait autrement si ces intérêts avaient été stipulés dans l'acte de société en tant que charge sociale. Dans ce cas il s'agit en les soldant d'acquitter une dette, et le paiement n'est plus subordonné à l'existence d'un bénéfice.

3° Le rapport dont il vient d'être question n'est pas facultatif pour les membres du conseil, mais obligatoire ; chaque année ils doivent convoquer l'assemblée générale pour le lui soumettre. (Art. 11.)

Quinze jours au moins avant la réunion de l'assemblée générale tout actionnaire peut prendre par lui ou par son fondé de pouvoir, au siége social, communication du bilan, des inventaires et du rapport du conseil de surveillance. (Art. 12.)

Le conseil doit donc veiller à ce que ces différentes pièces soient mises dans les délais légaux à la disposition des actionnaires.

4° Le conseil de surveillance peut convoquer l'assemblée générale et, conformément à son avis, provoquer la dissolution de la société.

Le conseil de surveillance est seul juge des faits capables de motiver de sa part une proposition de dissolution.

Différents amendements tendant à enchaîner sur ce point sa liberté d'action, à la restreindre par exemple aux cas prévus par les statuts, ont été repoussés au cours de la discussion.

Mais dans aucune hypothèse, le conseil ne peut donner suite à ses projets de dissolution, sans avoir consulté l'assemblée générale, et s'être mis d'accord avec elle. L'art. 9

de la loi de 1856 disait simplement : le conseil de surveillance peut convoquer l'assemblée générale ; il peut aussi provoquer la dissolution de la société. Le rapport de cette loi développait la pensée de l'article, en déniant au conseil de surveillance le droit de porter directement devant les tribunaux la question de dissolution et lui reconnaissant seulement la faculté de provoquer auprès de l'assemblée la nomination de commissaires, chargés d'introduire l'instance devant le tribunal de commerce. Cependant le texte en lui-même pouvait laisser place à l'équivoque. Le projet de loi présenté en 1867 s'était contenté de le reproduire ; le Corps législatif fut effrayé de cette équivoque et des périls qui pourraient en être la suite. Provoquer devant les tribunaux une demande en dissolution, c'est jeter un trouble profond dans les opérations de la société ; c'est porter à sa prospérité, une atteinte qui peut être irréparable. L'exercice d'un droit si redoutable peut-il être abandonné à la discrétion du conseil de surveillance, dont les membres réduits à trois, pourront s'entendre dans une pensée de fraude ; provoquer, par exemple, la dissolution pour répandre du discrédit sur les affaires de la société, et racheter sous main les actions dépréciées ? la rédaction définitivement adoptée a mis dans tout son jour la pensée du législateur à cet égard.

C'est au conseil de surveillance, et non à chacun de ses membres, que l'art. 11 attribue le droit de convoquer l'assemblée générale ; par conséquent, s'il y avait dissentiment dans le sein du conseil sur l'opportunité de cette convocation, il est logique de décider que la minorité n'aurait pas le droit d'y procéder, et de proposer de son chef la dissolution.

Si le conseil refuse de convoquer l'assemblée, ou si elle n'adhère pas aux propositions qui lui sont faites, les membres du conseil ou les simples actionnaires dissidents, conservent-ils le droit d'introduire la demande en dissolution devant les tribunaux, en leur nom personnel, conformément à l'article 1871 du code civil ?

Il semble presque que poser une pareille question c'est la résoudre. La dérogation à l'art. 1871 résulte clairement du texte de notre art. 11, et de la discussion qui en a été le commentaire. Que devient l'économie de la loi ; dans quel but confier au conseil de surveillance l'exercice de l'action en dissolution ; dans quel but exiger l'autorisation de l'assemblée générale, si le premier venu d'entre les actionnaires, sans consulter ses coassociés, ou malgré leur volonté formellement exprimée, peut intenter cette action ?

On objecte que la demande formée par le conseil de surveillance, au nom de la majorité des associés, et celle qui émane de l'initiative privée d'un actionnaire, se présentent dans des conditions si différentes, au point de vue de la gravité, de l'effet moral, et des chances de succès, que les deux situations ne peuvent être comparées. Il n'y a lieu d'en tirer, aucune conséquence. L'autorisation de l'assemblée générale n'est pas exigée parce que l'action est intentée par le conseil de surveillance. Mais l'action en dissolution a par elle-même une telle importance, que le législateur a cru ne la pouvoir confier qu'à des hommes investis de toute la confiance de leurs coassociés, choisis par eux entre les plus éclairés et les plus capables ; et encore, ne l'a-t-il pas remise entièrement à leur discrétion. Comment dès lors aurait-il pu entrer dans sa pensée de l'abandonner en même temps aux entraînements irréfléchis ou passionnés du premier venu ? Les pratiques frauduleuses qu'il redoutait de la part du conseil de surveillance, ne sont-elles plus à craindre quand il s'agit d'actionnaires dont la situation ne présente par elle-même aucunes garanties ?

Mais, dit-on, quand une demande de dissolution a été portée devant un tribunal, chacun des associés a incontestablement le droit d'intervenir au procès pour la combattre. Réciproquement il appartient à chacun d'eux de se constituer demandeur. L'action en dissolution rentrant dans les limites de leur compétence, doit s'y trouver à tous les points de vue.

On ne saurait conclure du droit de défendre à l'action à celui de l'intenter. Autant le premier de ces droits, loin de présenter aucun inconvénient, peut offrir d'avantages à la société, autant le second peut être pour elle une source de périls. Une demande en dissolution, si peu fondée, si dépourvue d'autorité qu'elle puisse être, met le gérant dans la nécessité d'y répondre et le détourne des soins à donner aux affaires sociales. A tout procès est liée une certaine incertitude du résultat, dont l'effet nécessaire est d'apporter quelque ralentissement dans les opérations de la société. En outre le secret de ces opérations est livré à la publicité. Tous les détails de l'administration sont mis au jour. Des faiblesses, peut-être momentanées et sans importance réelle, sont dévoilées, et le crédit de la société peut en être profondément atteint. Il y avait donc lieu d'entourer de garanties restrictives la faculté d'exposer la société à tous les hasards d'une instance en dissolution. Une latitude d'autant plus grande était laissée à cet égard au législateur, que les facilités dont jouissent les actionnaires, relativement à la cession de leurs titres, compensent les inconvénients que peut entraîner pour eux la privation du droit de provoquer librement la dissolution.

A côté du droit de provoquer la dissolution, s'en trouve un autre, analogue, mais dont l'exercice est loin d'être soumis aux mêmes restrictions : celui de demander la nullité de la société. Il est évident qu'il ne saurait être dans ce cas question d'autorisation. Les cas de nullité sont expressément prévus par le législateur, et la nullité prononcée par lui en termes formels. Tout intéressé a qualité pour s'en prévaloir. La majorité n'a pas à autoriser ce qu'elle ne pourrait empêcher.

L'accomplissement des devoirs imposés par la loi aux conseils de surveillance, est garanti par la responsabilité qu'ils peuvent encourir conformément aux principes généraux du Code.

Le législateur en effet, formule en ces termes les règles d'après lesquelles doit-être appréciée leur conduite.

Art. 9. « Les membres du conseil de surveillance n'encourent aucune responsabilité en raison des actes de la gestion et de leurs résultats.

Chaque membre du conseil de surveillance est responsable de ses fautes personnelles dans l'exécution de son mandat conformément aux règles du droit commun. »

Art. 15. « Les membres du conseil de surveillance ne sont pas civilement responsables des délits commis par le gérant. »

Ces principes sont imposés par la force des choses, et ressortent de la situation avec tant de clarté, qu'il semble presque qu'il était inutile de les énoncer.

Les membres du conseil doivent rester constamment étrangers aux opérations de la gestion. En entrant au conseil, ils n'ont pas dépouillé leur qualité de commanditaires. A ce titre, tout acte d'immixtion leur est sévèrement interdit. Il serait donc souverainement injuste de leur demander compte de faits auxquels ils n'ont en aucune façon participé.

Leur mission se borne à contrôler et à vérifier. Ils surveillent, et doivent jeter le cri d'alarme, dès qu'ils voient la société en danger. Voilà les attributions dont ils se doivent acquitter à leurs risques et périls. Ils sont investis de ces fonctions par la confiance des actionnaires ; ils sont les délégués de ceux-ci auprès du gérant ; leur situation est celle de mandataires. Elle tombe naturellement sous l'autorité des règles auxquelles le code a soumis les mandataires, sans qu'il soit nécessaire d'en imaginer de nouvelles.

Les membres du conseil ne répondent pas civilement des délits du gérant, parce que la responsabilité civile suppose une faute commise en ne prévenant pas un délit dont on répond, et par suite autorité pour y mettre obstacle. Or c'est ce qui ne se rencontre pas ici : les membres du conseil n'exercent directement aucune influence sur le gérant, et n'ont aucun ordre à lui donner.

S'il était nécessaire d'insister sur ces points, c'est que la loi de 1856 s'exagérant les nécessités de la réglementation, et prévoyant trop de détails, avait répandu l'obscurité sur la situation si claire par elle-même.

Elle posait en principe cette vérité incontestable : que la surveillance est un mandat qui impose des devoirs. Les règles ordinaires en matière de mandat devaient servir à l'appréciation de ces devoirs.

Mais il avait paru utile au législateur de signaler les abus les plus flagrants dont le public peut être victime de la part des administrateurs d'une société : la publication d'inventaires infidèles et mensongers, destinés à provoquer chez les intéressés, une confiance que rien ne justifie, dans la prospérité de la société, et la distribution des dividendes fictifs, qui entretiennent cette confiance, aux prix de la ruine de la société dont ils dévorent le capital. Désireux d'assurer contre ces abus la répression la plus efficace, il avait voulu intéresser d'une façon toute spéciale les membres du conseil à les prévenir, en les déclarant solidaires du gérant, au cas où leur responsabilité serait engagée, par leur tolérance à l'égard de ces pratiques frauduleuses. Les plaintes s'étaient alors élevées. Quoi de plus difficile que d'établir un inventaire exact ? Quoi de plus variable que les éléments dont il se compose ? Quelle matière est plus sujette à erreur ? La situation faite aux membres du conseil ne sera-t-elle pas intolérable à force d'être rigoureuse ?

Pour enlever aux objections toute raison d'être, on avait voulu apporter un tempérament à la rigueur du droit commun en subordonnant la responsabilité dont on aggravait le poids, à un véritable dol, tandis que l'art. 1992 du Code civil, aurait permis de la faire résulter suivant les circonstances, d'une simple négligence. De la combinaison de ces diverses idées, était résulté l'art. 10 de la loi ainsi conçu :

« Tout membre d'un conseil de surveillance est responsable avec le gérant solidairement et par corps :

1° Lorsque sciemment il a laissé commettre dans les inventaires des inexactitudes graves, préjudiciables à la société et aux tiers.

2° Lorsqu'il a en connaissance de cause, consenti à la

distribution de dividendes non justifiés par des inventaires sincères et réguliers. »

L'adoption de cet article avait amené deux résultats que ses rédacteurs sans doute n'avaient eu garde de prévoir.

D'abord on avait perdu de vue dans l'application ce principe qui devait dominer toute la matière : que le droit commun était la règle, et les dérogations l'exception. L'intérêt des membres des conseils de surveillance, vivement engagé sur ce point, s'était appliqué de toutes ses forces à faire prédominer cette théorie : que la loi de 1856 avait eu pour but de soumettre les conseils à une responsabilité spéciale ; que règlementant cette responsabilité, elle l'avait fait d'une manière complète ; et que les faits spécialement prévus par elle étaient seuls capables de donner ouverture à cette responsabilité. Si cette prétention n'avait pas été universellement admise, du moins la controverse était vive ; des doutes sérieux s'étaient manifestés et la jurisprudence réflétait la division des esprits.

Réduite aux termes où on la voulait amener, la responsabilité devenait complètement illusoire ; ceux qui prétendaient l'invoquer se trouvaient en effet astreints à faire une preuve impossible. Il leur fallait établir directement l'existence d'une intention frauduleuse chez les membres du conseil, le fait de leur part d'avoir connu et su les inexactitudes commises dans les inventaires et le caractère fictif des dividendes distribués, circonstances que ne suffisaient pas à démontrer la grossièreté, si évidente qu'elle fut, de la faute par eux commise.

Enfin les membres du conseil étaient déclarés solidairement responsables avec le gérant, de faits qui constituaient à la charge de celui-ci, aux termes de l'art. 12 de la loi, un délit puni des peines de l'escroquerie. On s'était autorisé de cette solidarité pour les traîner, comme civilement responsables, devant les tribunaux de police correctionnelle. Or de la responsabilité civile à la complicité la nuance est délicate. Il en pouvait résulter dans l'esprit du public une confusion facheuse et la situation des membres du conseil, en était singulièrement aggravée.

Le législateur de 1867 a redressé sur ces divers points, les écarts de l'interprétation. La responsabilité a repris, quand aux faits qui peuvent lui fournir matière, son étendue naturelle. Toute faute commise dans l'exécution du mandat peut lui donner ouverture. Les tempéraments qui l'annihilaient, sous prétexte d'en atténuer la rigueur, ont été supprimés ; elle a repris toute son efficacité ; mais alors il devenait nécessaire de la rendre à elle-même, et de ne plus mesurer sa portée sur celle d'autrui. C'est ce qu'on a fait en supprimant cette solidarité qui l'enchaînant à la responsabilité du gérant, en dénaturait le caractère. Elle redevient ainsi essentiellement personnelle, et la loi peut, en restant rigoureusement logique, prévenir, de manière à ne plus laisser aucun doute, toute association compromettante des noms du gérant et de ceux des membres du conseil, devant les juridictions criminelles.

Le principe qui domine notre matière, l'application du droit commun, rend les développements inutiles. Constatons seulement que le droit commun doit être appliqué avec toutes ses conséquences, et qu'on doit se garder d'affaiblir le principe posé par des dérogations déduites de la loi, en sens inverse de celles introduites en 1856. Ainsi, de ce que la loi ne déclare plus les membres du conseil responsables des actes du gérant, il ne faudrait pas conclure, que dans aucun cas leur responsabilité ne pourra plus être engagée à raison de ces faits. Elle le sera, toutes les fois qu'ils auront été rendus possibles par une faute personnelle de leur part. Seulement, les membres du conseil ne comparaîtront désormais devant les tribunaux que pour leur propre compte et la juridiction civile sera seule compétente à leur égard, à moins qu'une véritable complicité dans les délits commis par le gérant ne les entraîne à sa suite devant les juges criminels. De même, la solidarité prononcée contre eux ne résulte plus de la loi en termes impératifs; elle n'en reste pas moins susceptible d'être prononcée par application des règles générales, soit entre le gérant et les membres du conseil, soit entre ces derniers seulement, obligatoire dans les cas prévus par l'art. 55 du Code pénal, facultative dans tous les autres cas où il peut y avoir lieu à dommages-intérêts.

Il est évident que la solidarité sera nécessairement prononcée, dans tous les cas où le conseil de surveillance, agissant collectivement, il est impossible de définir exactement la part revenant à chacun de ses membres dans les opérations acomplies. Ceux d'entre eux qui auraient intérêt à revendiquer le bénéfice de la responsabilité personnelle, devront donc, pour se l'assurer, prendre des précautions particulières, et faire constater d'une façon certaine, non pas leur abstention, qui constituerait une faute, mais les dissidences qui les ont maintenus à l'écart de la route suivie par la majorité.

Les tribunaux restent souverains appréciateurs des agissements du conseil, maîtres de tenir compte des erreurs invincibles dans lesquelles il est tombé ; des fautes ou des imprudences commises par les personnes qui ont été victimes d'un préjudice quelconque ; du caractère gratuit ou salarié de son mandat ; de toute circonstance en un mot de nature à aggraver, atténuer, ou même supprimer complètement la responsabilité des mandataires.

Les principes du droit commun ne suffisent pas à déterminer le véritable caractère de la situation faite aux conseils de surveillance. Elle comporte, en effet, une responsabilité plus étendue que celle qu'ils lui attribueraient s'ils étaient seuls consultés.

En effet, si les membres du conseil, investis d'un mandat par les associés, répondent vis-à-vis de ceux-ci de la manière dont ils s'en acquittent, il y a là une obligation contractuelle. Les tiers sont restés absolument étrangers à sa formation. Il semble que son exécution les doive laisser également indifférents.

Il n'en est rien cependant. Le contraire a été dit et répété aux cours des travaux préparatoires, de manière à ne laisser aucun doute sur la pensée du législateur et la portée de la loi. Les tiers ont droit d'exiger au même degré que les associés, l'exactitude et la diligence des membres du conseil dans l'accomplissement de leur mission. Ils sont placés sur un pied d'égalité complète. La loi de 1856 s'exprimait à cet égard en termes formels, (art. 10). La loi de 1867 n'a pas été moins explicite dans une matière voisine, (art. 8). Et dans celle qui nous occupe, elle a entendu consacrer les traditions de sa devancière. (Projet du gouvernement, art. 7. — Exposé des motifs. — Rapport, n° XXVII. — Id. n° XXIX).

La situation du conseil de surveillance se révèle donc avec un caractère nouveau. Le mandat dont il est investi devient dans une certaine mesure un mandat légal, imposant des obligations, vis-à-vis de personnes qui n'ont pas figuré au contrat. L'institution du conseil de surveillance s'élève à la hauteur d'une institution d'intérêt général.

2° *Assemblées générales.*

Deux éléments se combinent pour déterminer les règles relatives aux assemblées générales. La loi a déterminé sa volonté sur certains points, laissant à l'égard des autres le champ libre aux conventions des parties.

Nous ne parlerons plus ici des premières assemblées générales, réunies en exécution de l'article 4, pour la vérification des apports en nature et avantages particuliers. Elles sont placées dans des conditions exceptionnelles et nous avons examiné déjà les règles particulières qui les régissent.

a) Convocation. — Le droit de convoquer l'assemblée générale est attribué expressément par l'article 11 de la loi de 1867, au conseil de surveillance.

Rien n'empêche d'ailleurs les statuts de l'étendre à d'autres personnes. Il fait presque naturellement partie des pouvoirs du gérant.

Les circonstances dans lesquelles la convocation doit avoir lieu, sont déterminées par les statuts, en raison de l'importance des attributions dont l'assemblée est investie. Il y a en outre à tenir compte de l'imprévu. Dans tous les cas, elle doit-être réunie au moins une fois chaque année, aux termes de l'article 10.

b) Constitution. — Tout ce qui concerne le régime intérieur des assemblées générales est du ressort des statuts.

Toutefois, il est quelques principes généraux universellement admis.

Ainsi, les décisions se prennent à la majorité. C'est une loi nécessaire de toute assemblée délibérante.

Les voix se comptent par tête, et non d'après le nombre des actions, considéré théoriquement comme dépourvu d'influence, au point de vue des lumières que peut apporter à l'assemblée l'avis de l'actionnaire, et de l'intérêt plus ou moins grand que celui-ci peut prendre à la prospérité de l'entreprise.

On ne peut cependant méconnaître que la situation de fortune des associés ne soit en fait, pour la bonne administration de la société, un élément de garantie. Aussi est-il ordinaire de voir les statuts subordonner le droit de faire partie de l'assemblée générale à certaines conditions, au premier rang desquelles se rencontre la possession d'un nombre déterminé d'actions.

Le partage des voix équivaut au rejet de la proposition, sur laquelle il se produit. C'est l'interprétation logique des principes généraux sur les rapports des associés entre eux, déposés dans l'art. 1859 du Code civil. A défaut de stipulations spéciales, une opération peut être conclue par quelques uns des associés, sauf le droit d'opposition qu'ont les autres. Il ne peut donc plus lui être donné suite lorsque ce droit d'opposition est exercé.

Le résultat est le même si les voix se divisent en plusieurs opinions, dont aucune n'obtient la majorité absolue. Opposition est faite incontestablement à l'opinion qui réunit le plus grand nombre de voix, et c'est le point essentiel. Peu importe qu'entre les opposants il y ait division sur les motifs de leur opposition.

c) Attributions. — Les assemblées générales ont des attributions dont-elles sont expressément investies par la loi.

Chaque année, elles reçoivent le rapport que sont tenus de leur faire les membres du conseil de surveillance. (art. 10.)

Elles accordent ou refusent l'autorisation qui lui est nécessaire pour provoquer la dissolution de la société. (art. 11.)

Les autres attributions de l'assemblée générale sont commandées par la force des choses, ou déterminées par les statuts.

Pour apprécier exactement son rôle, il ne faut pas se placer à un point de vue étroit, ni se renfermer avec trop de rigueur dans la lettre des statuts. Bien des éventualités peuvent se produire qui auraient échappé aux prévisions des rédacteurs. Il importe dans l'intérêt de la société, que l'assemblée générale reste assez libre pour être toujours en mesure d'y pourvoir. L'esprit de la jurisprudence est de lui reconnaître tous les droits qui ne lui ont pas été refusés par les statuts. L'assemblée est la représentation de la société ; à ce titre, elle possède par nature, la plénitude de l'autorité. Cette autorité n'a d'autres limites que celles qui lui sont fixées par les statuts, règle suprême des conditions d'existence de la société.

Nous avons examiné déjà le rôle de l'assemblée générale, en matière de nomination, destitution ou remplacement du gérant.

Nous avons vu également qu'elle intervenait pour suppléer dans certains cas à l'insuffisance des pouvoirs du gérant, lorsque, par exemple, il s'agit d'actes impliquant le droit de disposer des choses de la société. Celle-ci, maîtresse de son patrimoine, est libre d'en faire l'objet de toute opération qui lui convient. Les créanciers, dont ce patrimoine est le gage, n'ont pas de droits plus étendus qu'ils n'en possèdent contre tout autre débiteur dont ils ont suivi la foi.

Toutefois, les pouvoirs de l'assemblée générale, en dehors des prohibitions expresses des statuts, ont encore implicitement un terme. Les opérations auxquelles elle concourt, doivent-être des opérations sociales, accomplies dans un intérêt social. L'assemblée générale ne représente la société, qu'autant qu'elle se meut dans le cercle tracé à l'activité de la société par les conventions ou la nature des choses. Si elle en sort, la situation cesse d'être régie par les stipulations premières, et pour la validité de l'opération entreprise, il est nécessaire qu'un nouveau contrat se forme, en quelque sorte, par l'unanimité du concours de tous les associés.

L'assemblée générale intervient encore en cas de cessation des fonctions du gérant, pour recevoir ses comptes, ou nommer à cet effet des commissaires.

Les Tribunaux ont été plusieurs fois saisis de la question de savoir si les assemblées générales ont pouvoir pour apporter aux statuts sociaux des modifications, et par exemple, imposer aux actionnaires des obligations qui n'avaient pas été prévues dans l'acte de société, ou les priver de certains avantages qui leur avaient été conférés.

Il est universellement admis qu'une simple majorité n'a pas le pouvoir de porter atteinte aux conditions primitives et constitutives de l'association. L'assentiment unanime de tous ceux qui la composent est nécessaire à cet effet. Le contrat de société résulte du concours de plusieurs volontés. Tant que l'une de ces volontés persiste à en réclamer l'exécution, les autres, si grand que soit leur nombre, sont impuissantes à y déroger.

Bien entendu, il doit être fait réserve du cas où l'assemblée générale tiendrait des statuts eux-mêmes, le pouvoir de les modifier. Dans ce cas, chacun des actionnaires, en faisant de l'exécution de ces statuts, la condition de son adhésion, s'est soumis à l'éventualité d'une modification, et a accepté sur ce point l'autorité des délibérations de l'assemblée générale.

d) Dispositions pénales. — A propos des assemblées générales, un délit d'un caractère tout particulier peut se produire.

L'article 13, punit d'une amende de 500 à 10,000 fr. :

Ceux qui en se présentant comme propriétaires d'actions ou de coupons d'actions qui ne leur appartiennent pas, ont créé frauduleusement une majorité factice, dans une assemblée générale, sans préjudice de tous dommages intérêts, s'il y a lieu, envers la société ou envers les tiers ;

Ceux qui ont remis les actions pour en faire l'usage frauduleux.

Dans les cas prévus par les deux paragraphes précédents,

la peine de l'emprisonnement de quinze jours à six mois, peut en outre être prononcée.

Constatons à ce sujet, que deux éléments doivent se trouver réunis pour que le délit prévu existe.

1° Il faut que dans l'assemblée générale, des votes aient eu lieu qui n'avaient pas le droit de s'y produire.

2° Qu'une majorité factice ait été créée. Il ne suffirait pas que la majorité eut été augmentée ou influencée.

Le premier élément résultera de combinaisons frauduleuses, ayant pour objet, soit d'introduire dans l'assemblée générale des individus étrangers à la société, soit de faire participer au vote des actionnaires sans droit à cet égard, ou de leur attribuer un nombre de voix plus considérable que celui qui leur était reconnu par les statuts.

Quant à la seconde condition, c'est au juge qu'il appartient d'en constater l'existence, en analysant la composition de la majorité, et en se rendant compte de ce qu'elle aurait été en l'absence de tout élément proscrit par la loi ou les statuts.

3° *Distributions de dividendes.*

a) Conditions de la distribution. — Le dividende est l'excédant de l'actif sur le passif, dont la répartition se fait entre les associés, aux époques et aux conditions déterminées par les statuts.

La condition essentielle, pour qu'un dividende puisse valablement être distribué, est que ce dividende existe ; qu'il ne soit pas fictif comme le dit dans son art. 15, § 3 la loi de 1867.

Les art. 10 et 13 de la loi de 1856 exprimaient la même idée en ces termes : Dividendes non justifiés par des inventaires sincères et réguliers ; — Dividendes non réellement acquis à la société.

Ces diverses expressions équivalent à dire que les dividendes ne doivent pas être prélevés sur le capital social. Il est le gage des tiers : les associés n'ont pas le droit d'en reprendre peu à peu la possession, sous prétexte de bénéfices. Le crédit public serait atteint, s'il était possible de masquer, par des distributions de dividendes fictifs, le désastre d'une société, de surprendre la confiance de nouveaux actionnaires par une apparence de prospérité, et de les associer frauduleusement à la ruine de l'entreprise.

Il était nécessaire que la loi vînt au secours des tiers, car c'est aux associés eux-mêmes qu'est remis le soin de constater les acquisitions de bénéfices. Ils s'en font à eux-mêmes la distribution. La conservation du capital social est laissée entièrement à leur discrétion.

L'acquisition des bénéfices doit être un fait réalisé, indépendant de toute éventualité, quelque probables que puissent être les chances auxquelles elle serait subordonnée. Les sommes dont la répartition s'opère doivent être encaissées, ou tout au moins, représentées à l'actif social, par des titres ou valeurs indiscutables et de réalisation certaine, en tenant compte d'ailleurs des usages du commerce.

b) Responsabilité du gérant. — Des précautions sévères ont été prises pour empêcher en cette matière les fraudes dont les tiers pourraient être victimes.

Le premier coupable en pareil cas est incontestablement le gérant. Il est le véritable maître de la situation, et tenu de s'en rendre un compte exact. Toute négligence de sa part est impardonnable. La fraude seule expliquera dans la plupart des cas les erreurs qu'il aura commises.

Non seulement le gérant répond de sa faute avec toute l'étendue que comportent les principes généraux ; mais il peut être appelé à en rendre compte devant les Tribunaux de répression. Le législateur, dans deux cas, donne à cette faute les proportions d'un délit, puni des peines de l'escroquerie. C'est lorsque le gérant a opéré la répartition de dividendes fictifs en l'absence d'inventaires, ou au moyen d'inventaires frauduleux. (Art. 15.) Dans le premier cas, il existe à sa charge une présomption de fraude des plus graves ; dans le second cas, la fraude se manifeste ouvertement.

A la responsabilité du gérant, s'ajoute la responsabilité du conseil de surveillance. Nous avons vu dans quels cas, et quelle en est l'étendue.

c) Action en répétition. — Enfin les actionnaires eux-mêmes, peuvent, à certaines conditions, être astreints à la restitution des dividendes qu'ils ont indûment perçus.

Dans quels cas l'action peut être exercée. — L'action en répétition contre les actionnaires, paraît au premier abord, rigoureusement juste, et applicable dans tous les cas. L'actionnaire n'a droit qu'à une part de bénéfices : si ces bénéfices n'existent pas, toute prétention de sa part est illégitime. L'actionnaire a le privilége de n'être tenu à l'égard des tiers que jusqu'à concurrence de sa mise : du moins cette obligation est stricte, et il ne peut, sans en éluder frauduleusement les conséquences, retenir à son profit la moindre parcelle du capital social. Peu importe qu'il ait connu l'origine des sommes qui lui étaient distribuées sous le nom de bénéfices, ou que sa bonne foi sur ce point ait été entière. Les situations respectives restent les mêmes. Entre les créanciers qui réclament ce qui leur est dû, et l'actionnaire qui prétend s'enrichir à leurs dépends, l'hésitation n'est pas permise. Les créanciers doivent être payés avant que l'actionnaire reçoive un centime des bénéfices. Sous aucun prétexte la société ne doit être autorisée à se distribuer à elle-même son propre capital.

Sous l'influence de ces considérations, la jurisprudence, après avoir quelque temps hésité, était arrivée à reconnaître au profit des créanciers, le droit de répéter contre les actionnaires les bénéfices distribués, toutes les fois que ces distributions constituaient en réalité une atteinte à l'intégrité du capital social.

En 1867, la Commission chargée au Corps législatif de l'examen du projet de loi, fut frappée des rigueurs de la situation faite aux actionnaires. Les dividendes, de leur nature, constituent des revenus, destinés à subvenir aux dépenses journalières. L'actionnaire qui les reçoit sans crainte d'une revendication, les dissipe ou les fait servir à l'entretien de sa famille. Quand, plusieurs années après, une action en répétition vient le frapper, il n'a plus rien entre les mains, et doit prélever sur son capital les sommes nécessaires pour désintéresser les créanciers. Son patrimoine va se trouver diminué contre toutes ses prévisions, par des dépenses qu'il aurait certainement évitées s'il se fut cru moins riche. De là pour lui un préjudice grave. Dans certains cas peut être, la ruine.

Cette situation, il est vrai, est amenée par l'application de principes incontestables ; mais des considérations d'un ordre parallèle, ne permettent-elles pas d'apporter à ces principes et à leur application, un tempérament ?

La loi dans plusieurs hypothèses, reconnait à la bonne foi de celui qui détient une chose sujette à restitution, le pouvoir de modifier les conditions de la restitution. Le possesseur de bonne foi fait siens les fruits de la chose qu'il possède (art. 529 C. civ.) Celui qui a reçu de bonne foi un paiement indu est dispensé de rendre les intérêts ou les fruits de la chose payée (art. 1378.) La bonne foi de l'actionnaire ne doit-elle pas produire des effets analogues, et le mettre à l'abri des revendications rigoureuses des créanciers ?

Il est incontestable que l'actionnaire peut être de bonne foi. Il y aura présomption en faveur de sa bonne foi toutes les fois qu'un inventaire, en apparence régulier, justifiera les propositions de dividendes faites par le gérant. Il est vrai que tel inventaire semble irréprochable qui peut cependant recéler les plus graves inexactitudes ; il est vrai qu'un certain droit de contrôle est reconnu aux actionnaires ; qu'avant la réunion de l'assemblée générale, certains documents sont abandonnés à leurs investigations ; qu'il est de leur devoir de ne pas accepter les yeux fermés les propositions qui leur sont faites. Mais qui soutiendrait que ce contrôle des actionnaires n'est pas plus illusoire que réel ? Les moyens d'investigation mis à leur disposition, sont-ils assez puissants pour leur permettre de soumettre à une vérification sérieuse les écritures de la société ? Et à supposer que ces moyens existassent, et que chacun des associés voulut en faire usage, serait-ce matériellement possible ? N'en résulterait-il pas pour le fonctionnement de la société, une entrave capable de paralyser entièrement les opérations ? Les actionnaires d'ailleurs ont de puissantes raisons de croire à l'exactitude des résultats proclamés. Ce sont les graves conséquences qu'entraîneraient pour le gérant et les membres du conseil de surveillance, la fraude ou la négligence dont ils se rendraient coupables dans la confection ou la vérification des inventaires. L'erreur de l'actionnaire sur la nature du dividende qu'il reçoit, est donc excusable et légitime, si l'on ne peut pas dire qu'elle soit invincible. Les mêmes principes doivent régir des situations identiques. La bonne foi de l'actionnaire produira par conséquent à son profit les effets que le législateur lui reconnaît dans les articles 550 et 1378. Elle le dispensera de restituer les dividendes qu'il aura reçus.

Il est d'autant plus facile d'admettre cette solution, qu'il n'en résultera pas pour les créanciers de la société, une spoliation inique. Ils ne restent pas désarmés en face de l'emploi abusif du capital social. Le gérant et le conseil de surveillance leur doivent compte de l'intégrité de ce capital. Là est la véritable garantie qui leur est offerte. Qu'on ne s'étonne pas de voir porter par le gérant et par les membres du conseil, seuls, la responsabilité d'une faute dont les actionnaires ont partagé le profit. Ceux-ci n'étaient en quelque sorte que les sujets passifs et inconscients de la distribution des dividendes. Chez le gérant et chez les membres du conseil de surveillance, se rencontrent, avec l'autorité et le pouvoir de diriger, avec le devoir et les moyens d'un contrôle efficace, la connaissance exacte de l'état des affaires, et la conscience de la faute commise.

Les objections n'ont pas manqué contre cette théorie, et elles ont été soutenues au Corps législatif avec toute la chaleur et l'énergie d'une conviction profonde. (Séance du 31 Mai et du 12 Juin 1867.) Entre autres considérations, on a contesté l'analogie des situations définies par les art. 560 et 1378 avec celle des actionnaires. Dans les espèces prévues par le Code, c'est aux fruits ou aux intérêts seulement, que s'appliquent les effets de la bonne foi et la dispense de restituer ; mais le capital dans son intégrité retourne aux mains du créancier. Ici, c'est de ce capital même, que l'actionnaire, au nom de la bonne foi, prétend le dépouiller. C'est là un résultat complètement en dehors des effets reconnus par la loi à la bonne foi.

La difficulté s'évanouit, si l'on observe que la qualité de fruits n'est pas considérée dans la chose sujette à restitution, au point de vue du créancier, mais au point de vue du débiteur.

Quel motif détermine la faveur accordée au débiteur ? Ce fait : que les choses réclamées n'existent plus dans son patrimoine, sans qu'il y ait à cela aucune faute de sa part ; et qu'il ne pourrait en représenter la valeur sans éprouver un préjudice considérable, alors que leur acquisition n'a pas été pour lui la cause d'un enrichissement appréciable. Les fruits et les intérêts sont destinés par leur nature même à la consommation, et le débiteur peut les avoir dissipés, sans qu'il y ait, dans l'emploi qu'il en a fait, motif à incriminer son administration. Les dividendes, à cet égard, présentent des caractères identiques. Ce sont des revenus, des fruits, destinés à subvenir à des dépenses qui ne laissent pas de trace, parce qu'elles ne procurent aucun enrichissement, et devant lesquelles, peut-être, le débiteur aurait hésité, s'il lui avait fallu, pour y fournir, porter atteinte à son capital. Quant au créancier, qu'importe la nature de la dette? Son droit n'est-il pas toujours le même? Aussi énergique à l'égard des intérêts et des fruits qu'à l'égard du capital? Pour lui la distinction existera-t-elle? Sera-t-elle même, dans bien des cas, matériellement appréciable? Ce n'est donc pas chez le créancier, mais chez le débiteur, que se rencontrent les motifs qui modifient les conditions de la restitution. Dès que ces motifs existent, il en faut appliquer les conséquences, sans se préoccuper de l'intérêt du créancier; car cet intérêt ne se révèle à aucun degré comme raison déterminante dans la solution de la question.

On a protesté aussi contre la distinction établie au point de vue de la responsabilité vis-à-vis des créanciers, entre les actionnaires et le gérant ou les membres du conseil de surveillance. Le créancier a contracté avec la société; elle est débitrice de son gage. Il le reprend aux mains de l'associé quel qu'il soit, qui le détient. De quel droit le renverrait-on à s'adresser au gérant ou à tout autre personne? S'il y a un recours à exercer, que les associés l'exercent eux-mêmes. Quel inconvénient y aurait-il à leur en laisser le soin si ce recours est sérieux et utile? Les circonstances qui déplacent la responsabilité et la détournent de la tête des actionnaires, sont étrangères aux créanciers. Les relations de mandants à mandataire, ont pris naissance en dehors d'eux. Elles ne doivent porter à leurs droits aucune atteinte.

Il n'a pas été répondu directement à cette objection. Elle

n'a pas cependant prévalu contre les raisons apportées par la Commission à l'appui de son système. La considération définitive et prédominante présentée par celle-ci, a été la nécessité d'assurer aux actionnaires la possession certaine et paisible des dividendes qu'ils reçoivent ; de favoriser ainsi le développement de l'esprit d'association ; et le danger d'étouffer cet esprit, d'effrayer les actionnaires, et d'éloigner les capitalistes, en ne leur offrant en échange des risques auxquels ils s'exposent, que la perspective d'une situation pleine de périls, s'ils veulent tirer profit des dividendes qu'ils reçoivent, et ne pas les laisser dormir indéfiniment dans leur caisse, dans l'attente de la restitution qui pourra être un jour exigée d'eux. La Commission faisait remarquer d'ailleurs, que la consécration par la loi de l'état de choses qu'elle proposait d'établir, en faisait disparaître l'inconvénient le plus grave : la déception dont les tiers pourraient-être victimes; le manque de foi à leur égard. Les créanciers exactement informés de l'étendue des engagements contractés vis-à-vis d'eux, subiront les conséquences d'une situation qu'ils auront volontairement acceptée.

Il a donc été admis que l'action en répétition de dividendes ne s'exercerait contre les actionnaires que s'ils les avaient reçus de mauvaise foi.

C'est ce que la loi exprime, dans son art. 10, en ces termes : « aucune répétition de dividendes ne peut être exercée contre les actionnaires, si ce n'est dans le cas où la distribution en aura été faite en l'absence de tout inventaire, ou en dehors des résultats constatés par l'inventaire. »

Deux cas sont ici prévus, dans lesquels la mauvaise foi existe ; dans lesquels même, il est impossible qu'elle n'existe pas. Mais la disposition de la loi n'a rien de limitatif, et ne doit pas être interprétée en ce sens, que dans aucune autre hypothèse, le dividende reçu ne pourra être répété. Le contraire résulte formellement d'une discussion intervenue sur ce point même au Corps législatif. Sans doute, si un inventaire existe, et s'il justifie les dividendes proposés, la présomption est en faveur de la bonne foi de l'actionnaire : voilà ce que la loi a voulu faire entendre. Mais la preuve contraire peut être faite. Il a été bien entendu que la fraude faisait exception à toutes les règles, et permettait les recherches contre l'actionnaire qui s'en serait rendu coupable, même en présence d'un inventaire régulier.

Personnes au profit desquelles l'action s'exerce. — L'action en répétition peut être exercée en premier lieu par les tiers, créanciers de la société. L'intérêt s'en présente à l'instant où la société devient impuissante à payer ses dettes. L'action dans ce cas est exercée au nom de la masse par les liquidateurs ou les syndics de la faillite.

Mais, elle peut être intentée aussi au nom de la société, et au cours de son existence. Entre actionnaires, ayant participé à la distribution, il sera la plupart du temps sans intérêt de faire opérer une restitution frappant également sur tous : les dividendes, distribués en proportion du capital souscrit par chacun des actionnaires, ont été prélevés dans la même proportion sur ce même capital ; aucun des associés ne s'est enrichi aux dépens des autres. Et quant à l'appauvrissement de la société, il y sera pourvu par le recours exercé contre le gérant et le conseil de surveillance. Mais ce recours peut être insuffisant. Or les actionnaires sont au plus haut degré intéressés à maintenir intact le capital social, et à perpétuer le crédit de la société et les revenus dont il est pour eux la source. D'autre part, le personnel de la société est variable ; des actionnaires nouveaux viennent s'y adjoindre, séduits par des marques apparentes de prospérité. Trouvant sa constitution intérieure gravement altérée, et ses conditions de vitalité compromises, par des faits auxquels ils n'ont pas participé et dont les résultats fâcheux sont pour eux sans compensation, ces actionnaires ont droit de se plaindre, et d'exiger que les choses soient remises en l'état sur lequel ils étaient autorisés à compter. L'action en répétition dans ces divers cas est exercée soit au nom de la société par le gérant, soit par des mandataires ad lites, représentant certains groupes d'actionnaires, comme nous le verrons plus loin.

Contre qui l'action est exercée. — Il est évident que l'action doit être exercée contre celui qui était propriétaire du titre au moment de la distribution des dividendes.

L'exercice de l'action en répétition, quand les titres sont au porteur, avait paru à certains esprits une source de difficultés insurmontables. Ils s'effrayaient à la pensée de la différence de situation faite par la force des choses aux actions nominatives et aux actions au porteur, différence toute au profit des titulaires de ces dernières, alors pourtant que parmi eux se rencontreront toujours les spéculateurs moins dignes que tous autres de ménagements. La difficulté cependant est plus apparente que réelle. Il a été répondu aux objections soulevées sur ce point, en montrant qu'en définitive, il n'y avait là qu'une question de comptabilité. Si le nom du propriétaire de l'action peut échapper aux investigations, il n'est pas une administration financière qui, lors de la présentation de coupons d'un titre au porteur, ne prenne des précautions pour constater l'identité de la personne aux mains de qui les versements sont effectués, et en conserver la trace. — C'est contre cette personne que sera exercée la répétition, sauf à elle, si elle n'était que mandataire, à recourir contre le véritable titulaire, qui a recueilli les bénéfices de l'opération.

En cas de décès de l'actionnaire, l'action en répétition se transmet passivement, comme toutes les autres actions, aux continuateurs de sa personne.

Durée de l'action. — L'action en répétition dans les cas où elle est ouverte, se prescrit par cinq ans, à partir du jour fixé pour la distribution des dividendes, (art. 10).

C'est là encore une disposition dictée par la faveur avec laquelle le législateur a envisagé la bonne foi chez les actionnaires, jusque dans ses plus faibles manifestations. Il peut, en effet, y avoir ouverture à l'action en répétition sans que la fraude doive nécessairement être supposée chez l'actionnaire. La présomption est contraire à la bonne foi ; la loi même n'admet pas la preuve de celle-ci : elle peut cependant être demeurée intacte, en dépit d'une imprudence ou d'une négligence inexcusable. Dans ce cas, l'action en répétition viendrait, au grand dommage de l'actionnaire, bouleverser contre toutes ses prévisions l'économie de sa fortune. Le législateur, en punition de la faute qu'il a commise, n'a pas cru devoir le soustraire absolument au coup qui le menace ; du moins il n'a pas voulu que la possibilité de se produire après un intervalle de temps considérable, donnât son désastre des proportions capables d'excéder les bornes de la justice. Il a emprunté, le rapport de la commission nous le fait connaître (n° XXXV), à l'art. 64 du

Code de commerce, le principe de la prescription de cinq ans. Chaque distribution de dividendes est considérée comme une liquidation, à partir de laquelle la société entre dans une ère nouvelle. Il importe à sa prospérité qu'elle puisse marcher d'un pas libre, dégagée des liens qui la rattacheraient à un passé trop reculé ; qu'elle porte à bref délai les conséquences de ses fautes ; qu'elle puisse appliquer aux soins du présent toute l'intensité de ses forces, sans crainte de voir surgir devant elle les conséquences de faits depuis longtemps accomplis et oubliés.

Avant d'avoir été tranchée comme nous venons de le voir, la question de la répétition des dividendes ne se posait pas seulement sur le terrain des dividendes fictifs. Certains arrêts avaient consacré le droit pour les créanciers d'exiger cette répétition, lorsqu'à la dissolution l'actif ne suffisait pas pour payer les dettes, encore bien que des bénéfices eussent existé réellement à l'époque où ces dividendes avaient été distribués.

On avait pourtant vu, lors de la discussion du Code de commerce, les rédacteurs de ce Code repousser une disposition tendant à consacrer l'obligation pour le commanditaire de contribuer aux pertes, dans la proportion des bénéfices qu'il aurait faits précédemment. Le législateur s'était inspiré des considérations de bonne foi, qui dans cette situation, militent en faveur du commanditaire avec une énergie bien plus grande encore, que lorsque les dividendes sont fictifs.

Mais on prétendait tirer une conséquence nécessaire de ce principe, que jusqu'à la dissolution de la société, il n'y a pas à proprement parler de bénéfices, le profit réel de société n'étant que ce qui reste de gain, toutes pertes déduites, sur toutes les opérations de la société. Jusqu'à ce que ce résultat final soit connu, il ne peut y avoir que des allocations provisoires des bénéfices présumés.

Cette théorie était exagérée. A quoi se réduit en effet le droit des créanciers? A exiger du commanditaire le versement intégral de sa mise. Lorsque cette mise tout entière a été consacrée au payement des dettes sociales, il n'a rien de plus à réclamer, ni ne doit se préoccuper des prélèvements de bénéfices, qui n'ont porté à l'intégrité du fonds social aucune atteinte. Le créancier demeurera peut être impayé en présence du commanditaire nanti de sommes importantes : la justice n'est pas blessée. A aucune époque, les créanciers n'ont eu droit de gage sur les dividendes distribués.

4° *Actions judiciaires.*

Le droit commun laisse à chacun des membres de la société pleine liberté d'agir en justice, contre le gérant, les membres du conseil de surveillance, un ou plusieurs actionnaires.

Il arrivera souvent qu'un nombre plus ou moins considérable d'actionnaires se trouvent réunis dans un but d'utilité commune, et intéressés à intenter une action collective; les lenteurs et les frais, conséquence des formes ordinaires de la procédure, pourraient être capables, dans certains cas, de mettre obstacle à des revendications légitimes.

Dès 1856, le législateur s'est préoccupé des moyens de faciliter aux actionnaires l'exercice de leurs droits.

A cet effet, il a consacré en leur faveur une dérogation à la règle que nul en France ne plaide par procureur, et les a autorisés à se faire représenter en justice par des commissaires chargés d'agir en leur nom propre et personnel.

L'art. 14 de la loi de 1856, s'exprimait à cet égard en termes impératifs. Des auteurs en avaient conclu que la représentation par commissaires était obligatoire dans tous les cas où les actionnaires avaient à soutenir collectivement et dans un intérêt commun un procès contre le gérant ou contre les membres du conseil de surveillance. — Des arrêts avaient adopté cette solution, à l'appui de laquelle on pouvait faire remarquer que la loi attribuait au tribunal de commerce la nomination des commissaires, dans le cas où les actionnaires n'auraient pu y pourvoir, et réservait à ceux-ci le droit d'intervenir personnellement dans l'instance, à la charge de supporter les frais de leur intervention, « quelle que fut la décision qui intervint, » disait l'exposé des motifs.

En outre, toute collectivité d'actionnaires, si faible que fut leur nombre, pouvait se prévaloir du bénéfice de la loi.

L'art. 17 de la loi de 1867, relatif à cette matière, est ainsi conçu :

« Des actionnaires représentant le vingtième au moins du capital social peuvent, dans un intérêt commun, charger à leur frais un ou plusieurs mandataires de soutenir, tant en demandant qu'en défendant, une action contre les gérants ou contre les membres du conseil de surveillance, et de les représenter en ce cas en justice, sans préjudice de l'action que chaque actionnaire peut intenter individuellement en son nom personnel. »

Ainsi le droit de se faire représenter par commissaires, est subordonné à la condition que les actionnaires qui voudront en user représenteront le vingtième au moins du capital social. Le législateur s'est ému du danger d'ouvrir une porte trop large aux contestations, et de fournir des armes à un esprit de chicane parfois excessif. Il a voulu que le nombre ou la situation des actionnaires engagés au procès fut la garantie d'un intérêt sérieux, digne de motiver une dérogation aux principes de notre législation.

L'art. 17 exprime clairement que le ministère des commissaires est purement facultatif. Leur nomination ne peut plus émaner que des intéressés, et ceux-ci restent toujours libres de faire valoir leurs droits personnellement et individuellement. Dès lors il n'existait plus de motif, pour mettre dans tous les cas à leur charge, quand ils agiront isolément, les frais occasionnés par leur présence aux débats. Il les supporteront seulement s'ils perdent leur procès.

La nomination des commissaires se fera dans une assemblée générale, si l'action à intenter concerne la totalité des actionnaires. La convocation de cette assemblée est laissée à l'initiative des intéressés. Si quelques-uns des actionnaires seulement sont engagés dans la contestation, les commissaires seront nommés dans une assemblée spéciale. Du reste l'art. 17, à la différence de l'art. 14 de la loi de 1856, n'impose à cet égard aucune obligation.

Les commissaires ne sont en réalité que des mandataires. Leurs pouvoirs sont subordonnés aux restrictions que cette qualité implique par elle-même, et à toutes celles que les mandants sont libres de stipuler. Si leur mandat est pur et simple, il comporte le droit de faire tout ce qui est nécessaire pour mener à bonne fin l'action dont ils sont chargés.

L'art. 17, interprété littéralement, n'est applicable que dans le cas d'action dirigée contre le gérant ou les membres du conseil de surveillance. Il en était de même de l'art. 14 de la loi de 1856.

On peut se demander s'il faut s'en tenir rigoureusement à ces deux hypothèses, et si l'esprit de la loi ne permet pas d'en étendre le bénéfice au cas ou deux fractions d'actionnaires, animées d'intérêts contraires, verraient s'élever entre elles une cause de litige. Le but du législateur a été de simplifier la procédure et de réduire la dépense qu'entraîne le grand nombre d'intéressés, chaque fois que des contestations s'élèvent dans le sein des sociétés. Sa sollicitude trouve sa justification, lorsqu'une fraction considérable d'actionnaires est obligée de recourir à une action en justice, quelle que soit la partie contre laquelle cette action est dirigée. Il est donc permis de croire que la loi, s'exprimant comme elle l'a fait, a statué seulement de eo quod plerumque fit. Et en effet, le cas d'une contestation entre deux groupes d'actionnaires se présentera fort rarement. On ne trouve guère à citer que l'hypothèse d'une répétition, exercée contre les anciens commanditaires, par des associés entrés dans la société postérieurement à la distribution de dividendes fictifs.

DISSOLUTION.

A. CAUSES DE DISSOLUTION.

On les divise habituellement en causes de dissolution de plein droit, et causes de dissolution par voie d'action.

L'article 1865 du Code civil, se plaçant au point de vue le plus général, énumère cinq cas dans lesquels les sociétés sont susceptibles de prendre fin de *plein droit* : 1° l'expiration du temps pour lequel la société a été contractée ; 2° l'extinction de la chose, ou la consommation de la négociation ; 3° la mort naturelle de quelqu'un des associés ; 4° l'interdiction ou la déconfiture de l'un d'eux ; 5° la volonté qu'un seul ou plusieurs expriment de n'être plus en société.

Ces diverses causes ne sont pas toutes applicables dans la même mesure aux sociétés en commandite par actions.

1° Expiration du temps pour lequel la société a été contractée. — La dissolution n'est ici qu'un cas d'application des statuts. Elle se produit sans qu'il y ait à tenir compte du degré plus ou moins avancé d'achèvement auquel l'entreprise est parvenue.

Pour subvenir aux nécessités qui peuvent se présenter, les associés ont la faculté de proroger la société. Mais elle n'existe alors qu'en vertu d'un contrat nouveau : les associés doivent être unanimes à y prendre part. L'art. 61 de la loi de 1867, exige qu'il soit procédé dans ce cas aux publications prescrites lorsque la société prend naissance

2° Extinction de la chose, ou consommation de la négociation. — La société dans ce cas, s'éteint en quelque sorte, faute d'aliment.

La perte de la chose peut s'entendre de la perte du fonds social, ou de la perte de la chose qui fait l'objet de la société ; par exemple, un brevet d'invention ou un établissement industriel qu'il s'agissait d'exploiter.

L'article 1867 du Code civil, fait rentrer également sous ce chef l'hypothèse dans laquelle un apport promis par un des associés vient à périr avant que la propriété en ait été transférée à la société.

En effet, un des éléments en vue desquels les volontés des associés concouraient à la réalisation du contrat venant à disparaître, la convention manque de se former.

Si l'apport était déjà devenu la propriété de la société, sa perte a pour unique résultat de porter atteinte à l'intégrité du fonds social. Une simple diminution des ressources de la société, n'est pas suffisante pour en motiver la dissolution.

3° Mort d'un associé. — Cette cause de dissolution repose sur l'idée que le contrat est formé intuitu personæ.

Elle est donc sans application quand il s'agit de la mort d'un simple actionnaire, dont la personnalité ne joue aucun rôle dans l'économie de la société. Peu importe que la transmission, toujours possible, des actions, ait pour cause un décès, ou une cession volontaire.

Mais elle conserve toute son importance, lorsque c'est le gérant qui est frappé, réserve faite toutefois, du cas où les statuts, en prévision de cette éventualité, auraient attribué à la majorité des actionnaires le droit de le remplacer, ou de l'hypothèse dans laquelle les associés seraient unanimes pour nommer un nouveau gérant.

4° Interdiction ou déconfiture d'un associé. — Ou encore, et c'est le cas le plus fréquent, la faillite.

Les coassociés de celui qui en est victime, sont privés par elle, des garanties sur lesquelles ils comptaient. Dessaisissant le failli de l'administration de ses biens, elle lui enlève les moyens de prendre part utilement à l'administration de la société, et exposerait celle-ci à voir s'immiscer dans ses affaires, les créanciers intervenant du chef de leur débiteur.

Il y a lieu de reproduire ici les distinctions que nous avons établies à propos de la cause de dissolution précédente. Les effets varient suivant que les actionnaires ou le gérant tombent en faillite, et suivant la situation faite au gérant dans la société.

C'est une question de savoir si la faillite de la société elle-même, est de plein droit une cause de dissolution.

L'affirmative a été soutenue énergiquement par plusieurs auteurs, et on pourrait croire qu'elle doit-être décidée par a fortiori.

Cependant la jurisprudence a adopté l'opinion contraire dans un jugement du Tribunal de commerce d'Aix, du 19 janvier 1852, confirmé par la Cour de Paris et par un arrêt de Cassation du 9 mai 1854. Cette solution paraît préférable.

En effet, les motifs qui commandent la dissolution quand l'un des associés seulement est atteint par la faillite, ne se retrouvent plus quand elle frappe la société tout entière. La loi n'a pas voulu imposer à des associés solvables l'obligation de rester en société avec un associé failli, dont la situation fâcheuse peut compromettre leurs intérêts. Mais quand le malheur est commun, la responsabilité des conséquences fâcheuses se répartit entre tous ; le même lien continue à réunir tous les intérêts. Il n'y a pas là, à priori, prétexte pour les rendre à l'isolement, et à l'indépendance.

On objecte que la faillite est un état de choses dans lequel l'actif est absorbé par le passif. Elle entraîne donc extinction de la chose, et par conséquent dissolution de la société. S'il en est ainsi dans la plupart des cas, il n'y a cependant là rien d'absolu, et il a été fort bien répondu à ce propos, que si la déclaration de faillite annonce de l'embarras dans les affaires sociales, elle n'établit pas que l'avoir soit complètement absorbé par les dettes, et il arrive quelquefois qu'une liquidation utilement faite, répare en totalité, ou en partie, des désastres plus apparents que réels.

Mais, dit-on encore, comment la société ne serait-elle pas nécessairement dissoute ? Elle est dessaisie de l'administration de ses biens. Elle s'était constituée pour agir, pour se procurer des bénéfices ; la voici paralysée dans ses mouvements, réduite à l'inaction.

D'abord, ce dessaisissement peut n'être que temporaire. Il est incontestable que la société peut être admise au bénéfice du concordat. C'est ce qui résulte formellement des art. 531 et 604 du Code de commerce.

Pardessus (nº 1066), est d'avis qu'il n'en faut pas conclure que la société reprendra sa marche première, et continuera d'exister, et Troplong (nº 937) dit que si elle est réintégrée dans ses conditions d'existence, c'est par l'effet du consentement donné par les associés à cette mesure.

La vérité nous paraît être que le dessaisissement est impuissant à amener la dissolution de la société ; il laisse entre ses mains la propriété de son patrimoine, et dans l'intervalle qui sépare le jour où il prend naissance par le jugement déclaratif de faillite, du jour où il se termine par le concordat, on peut dire qu'il n'y a pas de place pour la dissolution.

En effet contre qui la faillite est-elle prononcée ? Contre la société, en qualité de société. Mais au moins, dès cet instant sa personnalité va-t-elle disparaître ? La force des choses commande au contraire qu'elle subsiste. C'est encore contre la société et en cette qualité que sont poursuivies les opérations de la faillite. Des droits lui sont encore attribués par la loi ; elle a encore des intérêts à défendre et à sauvegarder. Jusqu'à l'époque du concordat, on la rencontre de par la loi active et agissante, (art. 475, 477, 487, 494, 505, 506, C. co.) et lorsqu'elle est rétablie dans la plénitude de son existence, il est vrai de dire que cette existence n'avait jamais été interrompue.

Mais s'il n'intervient pas de concordat, la dissolution ne résulte-t-elle pas de l'union des créanciers ? Il n'y a là encore aucune conséquence nécessaire. Même en présence de l'union des créanciers, le failli demeure investi de certains droits qui lui sont propres. (art. 532, 537, Co.) Pendant cette période encore, la loi tient compte de la personnalité du failli. Il n'y a donc, pour celle de la société, aucun motif de disparaître.

C'est seulement, lorsque la liquidation de la faillite étant terminée, il se trouve que tout ce qui composait le fonds social a été vendu, qu'il n'y a plus d'actif, c'est seulement alors que la société périt faute d'aliment. Mais il faut bien le remarquer, la dissolution dans ce cas est causée par l'extinction de la chose ; elle ne résulte pas de plein droit de la faillite.

Si la faillite ne dissout pas nécessairement la société, en

fait, le plus souvent, elle apportera dans ses affaires un grand trouble, et les actionnaires pourront s'en autoriser pour demander la dissolution. Les choses se passeront alors comme dans tout autre cas, où en dehors des hypothèses prévues par la loi, la dissolution serait demandée pour juste cause. Les actionnaires seront représentés à la faillite par les liquidateurs qui seront nommés. Cette combinaison peut être pour les actionnaires d'une grande importance. Par l'effet de la faillite, en effet, ils peuvent se trouver en opposition d'intérêts avec les gérants : la nomination de liquidateurs leur permet de remettre, en des mains désintéressées, la défense de leurs droits. Ils reportent sur eux la confiance qu'ils ne peuvent plus avoir dans les gérants.

5° Volonté qu'un seul on plusieurs expriment de n'être plus en société. — Cette cause de dissolution ne s'applique qu'aux sociétés dont la durée est illimitée (art. 1869 C. civ.) On la présente généralement comme un remède contre les dangers d'un engagement qui enchaînerait indéfiniment la liberté des associés.

Il en résulte qu'elle n'est pas applicable aux sociétés par actions, puisque les actionnaires trouvent à chaque instant, dans la faculté de céder leurs titres, le moyen de rompre les liens qui les unissaient à la société.

Les causes de dissolution *par voie d'action,* autorisent seulement à la demander. Le juge reste souverain appréciateur de l'opportunité qu'il peut y avoir à la prononcer.

Elles constituent ce que l'art. 1871 du Code civil appelle de justes motifs de dissolution. Ce sont tous faits qui empêchent les associés de retirer de la société les avantages qu'elle devait leur procurer.

B. PUBLICATION DE LA DISSOLUTION.

Nous avons vu que l'art. 61 de la loi du 24 juillet 1867, exige la publication des actes et délibérations ayant pour objet la dissolution de la société avant le terme fixé pour sa durée.

Une prescription analogue était déjà édictée par l'art. 46 du Code de commerce.

On avait, à propos de cet article, soulevé la question de savoir si les formalités de la publication ne devaient pas être étendues à tous les faits, même involontaires, opérant la dissolution, par le décès ou la faillite d'un associé.

Cette interprétation, déjà contraire aux termes de l'art. 46, est encore en opposition plus évidente avec ceux de l'art 61 de la loi de 1867. Cet article procède par voie d'énumération. Par conséquent il n'est pas général ; les termes de l'énumération se définissent l'un par l'autre ; la catégorie de faits qu'elle embrasse est bien nettement déterminée : ce sont les conventions ayant pour but de procurer la dissolution. — Du reste les modes de publication dont l'emploi est prescrit ne laisseraient subsister à cet égard aucun doute. Ce sont ceux des art. 55 et 56, dépôt aux greffes de la Justice de paix et du Tribunal de commerce de l'acte d'où résulte la dissolution, et publication par extraits de cet acte dans les journaux. De tels procédés ne peuvent évidemment s'appliquer qu'au cas de dissolution conventionnelle.

Il est d'ailleurs facile de se rendre compte des motifs qui ont déterminé le législateur à établir une distinction entre des faits notoires par eux-mêmes, parfois même, comme la faillite, entourés d'un grand retentissement, et des actes destinés, comme les conventions, à être connues seulement du petit nombre de ceux qui y ont pris part.

Le résultat de la publicité réelle ou supposée est d'établir une présomption en vertu de laquelle la dissolution étant réputée connue des tiers, toute action leur est refusée, à l'occasion des engagements qu'ils peuvent avoir contractés même de bonne foi, depuis l'époque de la dissolution. Les choses se passent ici comme en matière de mandat, (art. 2009 Code civ.) La loi a voulu couper court à des appréciations douteuses, et à des discussions sur des points incertains.

C. LIQUIDATION.

La liquidation de la société en commandite par actions ne présente pas de caractères qui la distinguent de la liquidation de tout autre société.

Les liquidateurs peuvent être pris dans son sein ou en dehors d'elle.

Ils sont désignés par les statuts ou par l'assemblée générale, si les statuts lui confient ce pouvoir ; sinon l'unanimité des associés est nécessaire. A défaut ils sont nommés par justice.

Leur mandat peut leur être confié pour toute la durée de la liquidation, ou seulement pour une période déterminée.

Ils sont soumis à la révocation, eu égard à leur situation et à la manière dont ils ont été nommés. Tiennent-ils leurs pouvoirs des statuts, ils ne peuvent être révoqués que par justice, s'ils sont associés ; par l'unanimité des associés, s'ils ont été choisis en dehors de la société. S'ils n'ont été nommés qu'après la dissolution, ils peuvent être révoqués par justice ou par les associés, suivant que le Tribunal, ou une délibération des associés les a investis de leurs pouvoirs.

Ils sont chargés de recevoir les comptes de gestion ; de mener à terme les opérations commencées ; de réaliser l'actif ; de régler tous comptes entre la société et les associés ou les tiers ; d'acquitter le passif, et s'il reste un excédant d'actif, de le répartir entre les intéressés. Ils exercent à cette occasion toutes actions nécessaires, et on a admis, pour éviter les frais et les lenteurs, qu'ils pourraient les exercer en leur propre nom.

L'état de liquidation n'apporte aux droits des tiers aucune modification. Ils demeurent libres de poursuivre, s'il y a lieu, les associés personnellement. Toutefois, il doit être préalablement établi que les engagements dont ils poursuivent l'exécution, sont des engagements sociaux, et cette preuve ne peut être faite qu'à l'encontre des liquidateurs. Eux seuls en effet, ont reçu délégation pour représenter la société ; c'est en leur personne seule que la société, être moral, peut être condamnée.

La situation du liquidateur est celle d'un mandataire. Il en a les obligations et les droits, notamment en ce qui concerne les comptes qu'il est tenu de rendre, les indemnités qu'il est en droit de réclamer, le caractère intransmissible de son mandat, l'effet des engagements qu'il peut être obligé de contracter.

Ses pouvoirs ne sont pas absolus, mais limités à ce qui est nécessaire pour mener à bonne fin la liquidation. Il serait contraire au but de sa mission d'augmenter les charges de la société, ou de lui en créer de nouvelles : aussi lui refuse-t-on généralement le droit d'hypothéquer et d'emprunter. Celui de transiger et de compromettre, conséquence du droit de pleine propriété, n'est pas considéré davantage comme susceptible de lui appartenir. On n'est pas d'accord en ce qui concerne le droit d'aliéner les immeubles sociaux. Il nous paraît que les circonstances doivent jouer à cet égard un rôle considérable. L'importance et la destination des immeubles, la nature de la société, la situation et les intentions des associés, détermineront ce qu'on peut appeler l'esprit de la liquidation. Il pourra se faire, sans autorisation spéciale, sans que leurs pouvoirs se soient particulièrement expliqués sur ce point, que les liquidateurs se trouvent par la force des choses investis du droit d'aliéner les immeubles, parce qu'à défaut de ce droit, la liquidation n'aurait aucun sens.

D. PARTAGE.

Après que tout le passif a été acquitté, et qu'il a été procédé s'il y a lieu, aux prélèvements déterminés par la convention, l'actif se répartit entre les associés.

Le partage des sociétés en commandite se trouve placé sous l'empire du principe général posé par l'article 1872 du Code civil, qui étend aux sociétés les règles concernant le partage des successions.

Toutefois l'usage et la doctrine ont introduit des dérogations importantes à ces règles.

Ainsi, il n'y a pas lieu de se préoccuper de l'état des personnes ; peu importe que parmi les associés ou les héritiers se trouvent des mineurs, des interdits ou des absents. Il ne sera nécessaire ni d'apposer les scellés, aussitôt après la dissolution de la société, ni de recourir à la forme du partage judiciaire.

Cet usage se justifie aisément par la considération des lenteurs, des frais, des difficultés, qu'entraînerait la pratique contraire. Le nombre des actionnaires, inconnus le plus souvent, si les actions sont au porteur, l'importance que le patrimoine social est susceptible d'acquérir, rendraient ces inconvénients plus sensibles dans les sociétés par actions que dans tout autre.

Il s'explique, au point de vue du raisonnement, par une fiction universellement admise, en vertu de laquelle la société frappée à mort par la dissolution, subsiste cependant pour tous les actes qui en sont la suite.

En droit les associés sont dans l'indivision ; l'art. 529 du Code civil ne permet pas de le contester. Ils n'y sont pas en fait. La société, personne morale, continue d'être réputée propriétaire du fonds social ; c'est elle qui représentée par le liquidateur, accomplit toutes les opérations nécessaires pour arriver à attribuer à chaque coassocié une part divise du fonds commun.

Il est également constant que l'art. 841 du Code civil, qui autorise l'exercice du retrait à l'encontre du cessionnaire des droits d'un copartageant, ne reçoit pas son application en matière de société. Il n'y a pas ici de famille dont il faille sauvegarder les secrets ; pas de proches parents entre lesquels il importe de maintenir l'union. La faculté de céder les actions, fournit entre autres un argument décisif.

Les créanciers des associés ont droit de revendiquer le bénéfice de l'art. 882 du Code civil et d'intervenir au partage ; mais faut-il déroger à la conséquence que l'art. 882 tire de ce droit, et leur permettre en outre d'attaquer le partage consommé ?

Des auteurs l'ont pensé : on a dit : l'art. 1872 n'étend

aux sociétés que les règles ayant trait à la forme du partage des successions, et aux droits des copartageants entre eux. En outre le partage d'une société n'est pas notoire comme celui d'une succession, et sa rescision ne porte aucun trouble dans les familles.

Cette opinion ne nous parait pas devoir être admise. L'art. 1872 est général et s'il est permis de déroger aux règles des successions, c'est dans le cas seulement ou l'application de ces règles rencontrerait des obstacles insurmontables, ou serait incompatible avec la nature des sociétés. Quant à la notoriété, si elle l'emporte d'un côté, c'est bien du côté des sociétés, dont la naissance la vie et la mort sont également publiques. Enfin la prohibition de l'art. 882 n'est pas motivée seulement par la crainte de porter le trouble dans les familles, mais aussi par les inconvénients considérables qu'entraînerait à tous les points de vue, l'annulation d'un partage, œuvre lente, laborieuse et compliquée, et la nécessité de la recommencer Ces inconvénients ne se présenteraient pas en matière de société à un degré moindre qu'en matière de successions, et il n'y a pas moins d'intérêt à les prévenir. Ce résultat peut être obtenu, par l'intervention des créanciers au partage, et elle garantit leurs intérêts dans une mesure assez large pour qu'il ne soit pas nécessaire de sacrifier à leur protection, les autres intérêts de toute nature qui, le partage une fois consommé en réclament le maintien.

Le mode auquel on aura le plus habituellement recours, pour le partage d'une société par actions, sera celui de la licitation des immeubles. Elle s'opèrera souvent au profit d'un associé, désireux de continuer le commerce ou l'entreprise de la société.

Le nombre des actionnaires, la composition du fonds social, dans lequel les immeubles, s'il s'en rencontre, constitueront la plupart du temps un établissement commercial, un tout, peu susceptible de division, rendront particulièrement rare l'hypothèse d'un partage en nature.

Cette hypothèse pourtant n'est pas irréalisable. Ainsi, il arrive parfois à la fin d'une société, que toutes les actions se trouvent réunies en un petit nombre de mains ; parfois même en une seule main.

Bien que ce point ait été contesté, aucune raison sérieuse ne nous paraît s'opposer à ce que l'article 826 du Cod. civ. reçoive en notre matière son application. Chaque associé pourra donc réclamer sa part en nature des meubles et immeubles sociaux. Les tempéraments apportés à l'exercice de ce droit par les art. 826 et 827, en prévision du cas où un pareil partage souffrirait difficulté, ne laissent concevoir aucune crainte à l'occasion de l'abus qui en pourrait être fait.

Il est certain que le principe de l'effet déclaratif du partage, posé par l'art. 883 du Cod. civ., doit aussi être étendu à la matière des sociétés.

Il y a seulement controverse sur la mesure dans laquelle ce principe doit être appliqué. Convient-il de faire remonter l'effet rétroactif jusqu'à l'époque de la constitution de la société, ou seulement jusqu'à l'époque de sa dissolution ? L'opinion qui s'en tient à cette dernière solution nous paraît seule raisonnable. Avant la dissolution, il n'y avait pas indivision, mais propriété de la société, personne morale. C'est à cette personne morale que dans la réalité des choses les associés ont succédé.

Mais, disent les partisans de l'opinion contraire, l'idée de copropriété et d'indivision est inséparable de l'idée de société. Si elle est momentanément interceptée par la personnalité civile, cette personnalité ayant disparu au moment de la dissolution, l'effet rétroactif ne rencontre plus aucun obstacle et agit en toute liberté sur le passé.

Sans doute, quand s'opère le partage, la personne civile a disparu. Mais est-ce une raison pour n'en plus tenir aucun compte ? L'existence de cette personne civile est-elle une conception purement imaginaire ? La loi la reconnaît formellement : l'art. 529 du C. civ. en est la preuve. Pourquoi donc bouleverser la réalité du passé par une fiction qui se trouverait d'ailleurs sans utilité pratique ? En effet, quelle serait la conséquence logique du principe de l'effet déclaratif, reporté jusqu'à l'époque de la constitution ? Ne serait-ce pas d'anéantir tous les droits dont la création serait l'œuvre de la personne civile ? Cependant il n'est pas un partisan de ce principe qui ne recule devant une pareille conséquence, et il devient nécessaire de forger une théorie pour démontrer comment, le principe étant admis, il n'entraînera pas précisément les résultats qui lui appartiennent en propre. N'est-ce pas la condamnation du système ? Il n'a plus dès lors aucune raison d'être. Le système de la rétroactivité limitée à l'époque de la dissolution n'est pas seulement exact en théorie. Il est aussi le seul qui puisse être admis en pratique.

On se demande, à propos du partage des successions, qui l'on doit, en cas de licitation, considérer comme vendeur ? En matière de société, le vendeur n'est aucun des associés. C'est, conformément à la fiction dont nous avons déjà parlé, la société elle-même. Les créanciers de la société pourront donc seuls prétendre des droits sur l'immeuble vendu. La purge des hypothèques ne doit pas être faite sur tous les associés ou quelques uns d'entre eux, mais sur la société. Les créanciers sociaux seuls auront le droit de surenchérir.

E. PRESCRIPTION.

Nous mentionnons ici pour mémoire, la prescription de cinq ans, établie par l'art. 64 du Code de commerce, pour toutes actions contre les associés non liquidateurs, et leurs veuves, héritiers ou ayant cause.

Cette prescription peut elle être opposée par les actionnaires? On discute sur ce point. En l'absence de toute distinction faite par la loi, nous ne voyons aucun motif de leur en refuser le bénéfice. Il n'existe en effet aucune différence, au point de vue de la qualité même d'associé, entre le commanditaire et l'associé en nom. Chacun d'eux la possède avec la même plénitude. Il n'y a de diversité que dans les effets qu'elle produit.

Nous renvoyons pour le reste, aux règles générales de la matière. Nous demeurons ainsi dans les bornes de cette étude, où nous nous sommes proposés uniquement d'exposer les règles propres aux sociétés en commandite par actions, nous préoccupant du droit commun, en matière de société, dans les cas seulement où les règles s'én trouvent modifiées par la loi spéciale, ou revêtent un caractère particulier en s'adaptant aux exigences de la constitution des sociétés par actions.

POSITIONS.

DROIT ROMAIN.

I. — Les sociétés privées ne constituaient pas un être moral.— L. 1, pr. D., Quod cujuscumque univ., III, 4.— Contra : l. 22, de fidejus., XLVI, 1 ; l. 3, § 4 de bon. posses., XXXVII, 1.

II. — La convention qui assigne à un associé une part plus forte que celle des autres, n'est valable que si cet associé fait un apport plus considérable. — L. 5, § 1 et 2, Pro socio, D., XVII, 2; l. 6 et 29 eod.— Contra: Instit., III, 25 § 1.

III. — En l'absence de conventions contraires, les parts des associés doivent être égales lors du partage, quelles que soient les mises. — L. 29, pr., D., Pro socio.

IV. — L'infamie n'est attachée aux condamnations résultant de l'action pro socio, que si l'associé condamné est coupable de dol. — L. 6 § 5, 6 et 7, D., de his qui not. inf., III, 2. — Contra : l. 1, eod.

V. — L'obligation contractée par l'un des associés ne donne pas au créancier d'action contre les autres, quand même la société en aurait profité. — Nec obstat : l. 12, D., pro socio.

DROIT CIVIL.

I. — La séparation de corps prononcée à la fois contre les deux époux, entraîne contre chacun d'eux la perte des avantages à lui faits par l'autre époux.

II. — Lorsqu'un partage d'ascendants est attaqué pour lésion de plus du quart, les biens qui y ont été compris doivent être estimés suivant leur valeur à l'époque à laquelle le partage a été fait.

III. — Les sociétés civiles ne sont pas des personnes morales.

IV. — L'art. 1867 n'a pas entendu déroger à la règle posée dans l'article 1138.

V. — Le gérant d'une société en commandite, qui après son remplacement ou sa révocation, se prétend créancier de la société à raison de sa gestion, ne peut exercer un droit de rétention, jusqu'au parfait payement de sa créance, sur les livres, papiers et documents appartenant à la société.

DROIT COMMERCIAL.

I. — La société en commandite par actions, n'est pas nécessairement commerciale.

II. — Entre associés, son existence ne peut être prouvée que par écrit.

III. — Le versement du quart de chaque action souscrite, exigé par l'art. 1 de la loi du 24 juillet 1867, ne peut être fait valablement en quittance de travaux ou fournitures exécutés pour le compte de la société.

IV. — L'action en nullité pour une des causes indiquées en l'art. 7, est prescriptible par trente ans.

V. — La conversion des actions nominatives en actions au porteur, n'entraîne pas immédiatement, et indépendamment de la prescription de deux ans, la libération des souscripteurs.

VI. — Le bénéfice de la prescription de deux ans ne peut être invoqué par les souscripteurs que si l'assemblée générale a autorisé la conversion des titres.

VII. — Une société en commandite par actions peut exister avec un nombre d'associés inférieur à quatre.

VIII. — Des actions de la société peuvent être souscrites par le gérant.

IX. — Les engagements signés par le gérant peuvent obliger la société, encore bien qu'il n'ait pas fait usage de la signature sociale.

X. — Des actionnaires peuvent valablement stipuler que les intérêts de leur mise leur seront payés, même en l'absence de bénéfices réalisés par la société.

XI. — Le droit de provoquer la dissolution de la société, appartient exclusivement au conseil de surveillance, autorisé à cet effet par l'assemblée générale des actionnaires.

XII. — La dissolution de la société avant le terme fixé ne doit pas être publiée, quand elle résulte du décès ou de la faillite d'un associé.

DROIT CRIMINEL.

I. — La réhabilitation n'empêche pas la condamnation à propos de laquelle elle intervient, de servir de base à l'aggravation pénale résultant de la récidive.

II. — L'application de l'art. 463 du Code pénal, édictée par l'art. 16 de la loi du 24 juillet 1867, n'a pas pour résultat de transformer en délits des faits ayant par eux-mêmes le caractère de contravention.

III. — Le délit de détournement d'objets saisis ne doit-être assimilé ni au vol, ni à l'abus de confiance, mais constitue un délit spécial, qui n'entraîne aucune exclusion de la liste électorale.

HISTOIRE DU DROIT.

I. — Le droit d'asile ecclésiastique s'est établi par l'usage.

II. — La maxime « toute justice émane du roi, » devait-être entendue en ce sens, que toutes les justices n'étaient que des justices concédées.

DROIT COUTUMIER.

La disposition de la coutume de Paris, (art. 240,) en

vertu de laquelle la communauté se continue entre les enfants mineurs, et le survivant des deux époux qui n'a pas fait inventaire, se justifie historiquement.

Vu par le Président de la Thèse,

G. DEMANTE.

Vu par le Doyen,

G. COLMET-DAAGE.

Vu et permis d'imprimer,

Le Vice-Recteur de l'Académie de Paris,

A. MOURIER.

Amiens, Imp. de Lenoel-Herouart, rue des Rabuissons, 30.

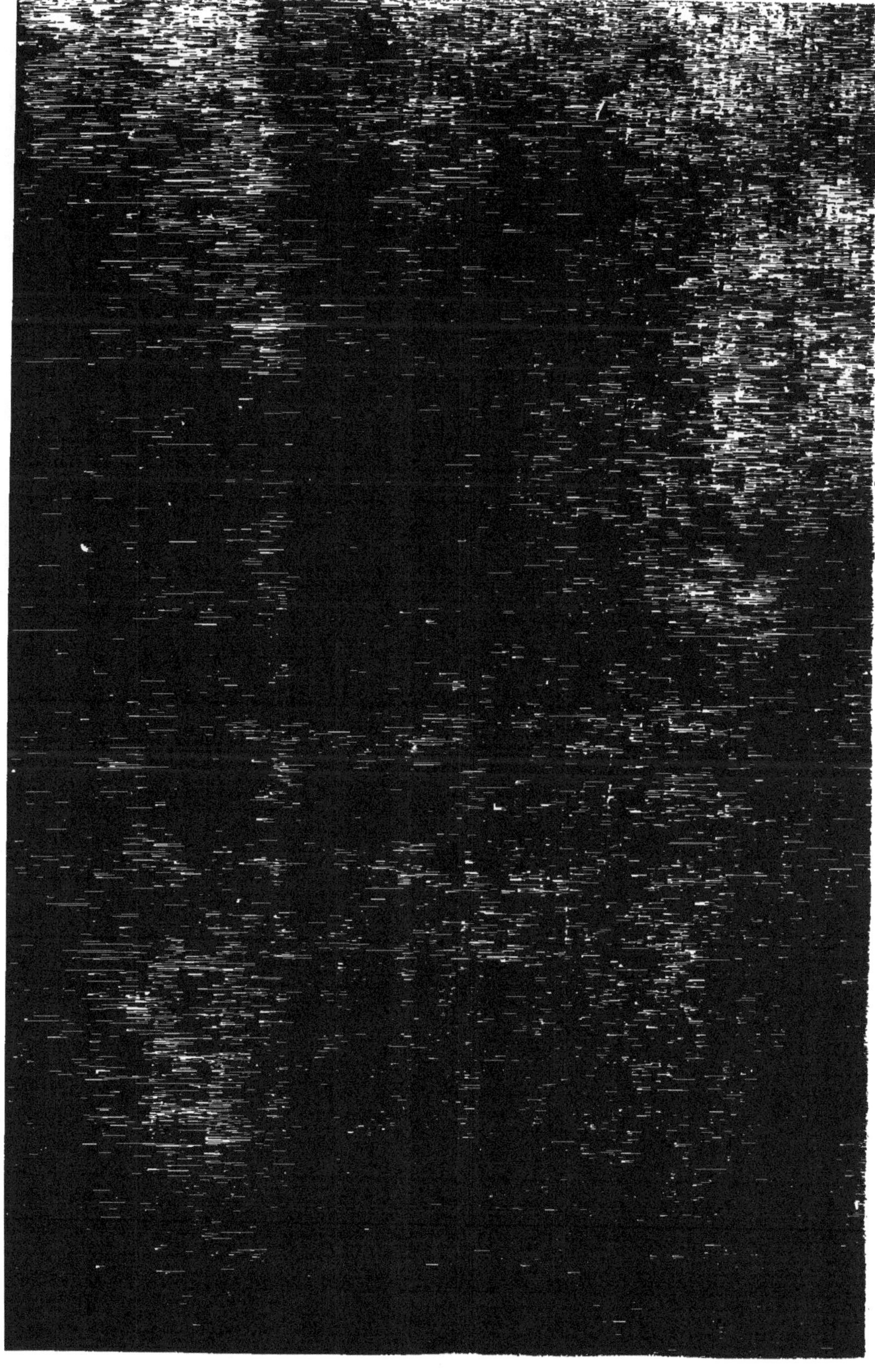

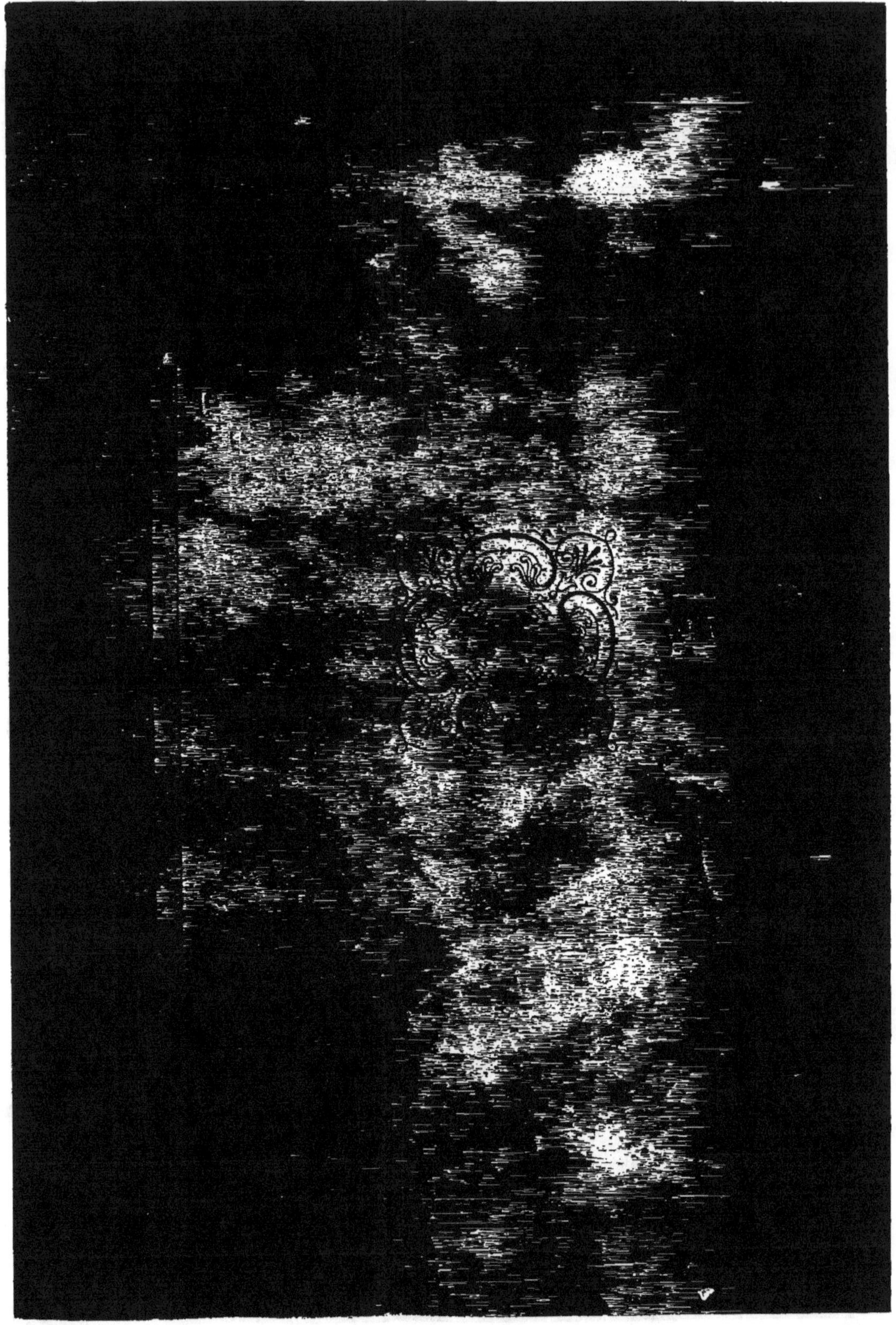

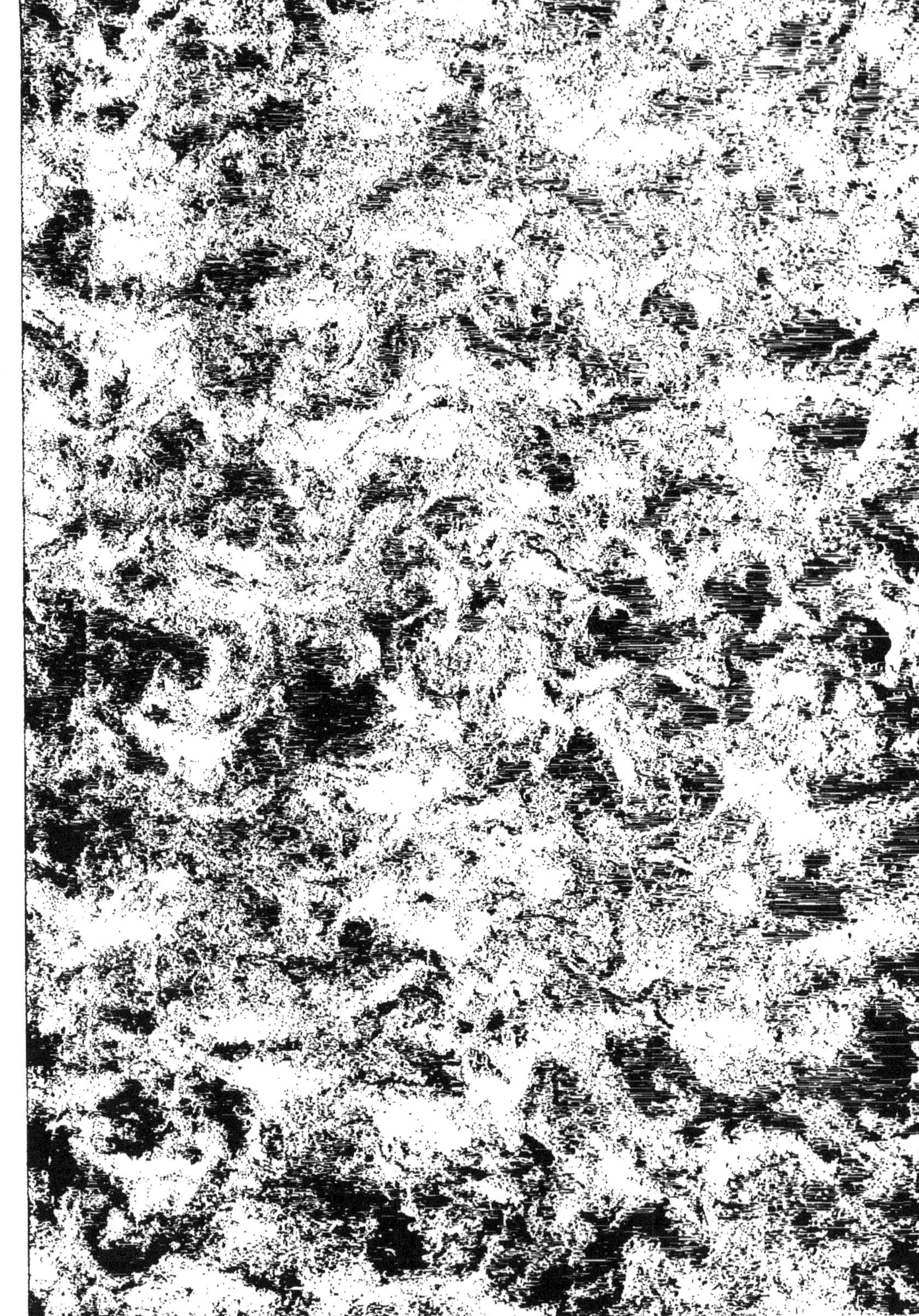